AF602625

TRAITÉ HISTORIQUE

DE L'AFFAIRE

PENDANTE AU CONSEIL D'ÉTAT,

ENTRE le Chapitre de l'Église Cathédrale de la Ville de Beziers en Languedoc.

ET les Maire & Consuls de la même Ville.

TABLE DES SECTIONS DE CE TRAITÉ.

TRAITÉ

TRAITÉ HISTORIQUE
DE L'AFFAIRE
PENDANTE AU CONSEIL D'ÉTAT,

ENTRE le Chapitre de L'ÉGLISE CATHÉDRALE de la Ville de Beziers en Languedoc,

ET les Maire & Consuls de la même Ville.

LE Syndic de la Province y est intervenu en 1759 *proprio motu*, & MM. les Agens généraux du Clergé en 1760, par délibération de l'Assemblée générale.

POUR LE CHAPITRE DE BEZIERS.

C'EST ici la cause de tous les Seigneurs Hauts-Justiciers, celle de la Noblesse, & d'une partie du Clergé.

Les Seigneurs, & les Eglises Cathédrales, jouissent réciproquement de *la présomption de nobilité de leurs biens*, suivant toutes les Ordonnances, Edits & Déclarations de nos

Rois, rendus ſur cette matière : c'eſt un droit de propriété, ſi ſacré pour ces deux premiers ordres de l'Etat, avant & depuis l'établiſſement de la Monarchie, que l'on ne peut y donner atteinte, ſans en bleſſer la conſtitution primitive.

Pourra-t'on ſe le perſuader? L'un des trois Syndics de la Province de Languedoc, n'a cependant d'autre objet que de faire abolir cette propriété, cette précieuſe préſomption ; de faire perdre aux Seigneurs l'attribut le plus éminent de leurs terres, & d'expoſer à des procès ruineux, le ſecond ordre du Clergé, celui qui, avec les revenus les plus modiques, fait tout le Service divin. Il fait l'impoſſible pour tacher de renverſer ces monumens, conſacrés à l'éternité, & pour aſſujettir les biens de dotation des Egliſes principales (*), à une double impoſition : ſavoir, aux dîmes, & aux charges roturieres.

Le privilége du Clergé, & celui des Seigneurs, ſur la nobilité des fonds, ont la même force & la même autorité : ſi le ſecond ordre du Clergé en eſt privé, les Seigneurs ſubiront la même injuſtice. Mais la Cour, la Nobleſſe, & les Chefs de l'adminiſtration dans tout le Royaume, pourront-ils voir, de ſens-froid, que la roture attaque impunément ces reſtes précieux d'honneur & de diſtinction que *les anciens Francs* leur ont tranſmis ; & que ſans motif, ni titre contraire, ſans qu'il en réſulte un bien pour l'Etat, une propriété auſſi reſpectable puiſſe être avilie?

(*) On n'entend parler ici que des Egliſes Cathédrales, des Paroiſſiales ; & ſi l'on ajoute des Collégiales, ce n'eſt que de celles, ſeulement, qui ſont établies dans les Villes où il n'y a point de Cathédrales : ce ſont les ſeules Egliſes néceſſaires, utiles & intéreſſantes pour le bien de la Religion & de l'Etat.

SECTION PREMIERE.

Notions hiſtoriques ſur l'ancienne nobilité des fonds.

Originairement, le Sacerdoce étoit toujours réuni avec le Sceptre dans la perſonne des Rois : lorſqu'il en a été ſéparé, l'Etat lui a attribué des terres ſuffiſantes pour l'entretien du culte & de la majeſté des Temples ; autrement il eût fallu lever un impôt pour ce même entretien. La nobilité, l'exemption de ces terres, ont été conſtamment reconnues & autoriſées chez toutes les Nations. (1)

Les Prêtres chrétiens ont ſuccédé aux Druides du Languedoc, à tous leurs priviléges, terres & poſſeſſions. Ces Druides formoient le premier ordre de la Nation gauloiſe, comme le haut Clergé le repréſente aujourd'hui. Leurs biens étoient non-ſeulement nobles & exempts de tout tribut, mais ils jouiſſoient encore des prérogatives les plus conſidérables (2).

Les Empereurs Romains, depuis *Conſtantin le Grand*, ont conſacré aux Egliſes catholiques, les biens attachés aux Temples des différentes Sectes du paganiſme, *ad inſtar* des immunités pieuſes, que leur avoient attribué tous les Peuples : ils ont déclaré les poſſeſſions attachées, ou données à l'Egliſe, franches de toute charge publique, ſauf dans le cas d'une urgente néceſſité (3).

Les Colonies des Celtes qui s'étoient établis en Germanie

---

(1) Voyez la ſeconde partie de l'Examen du Recueil des Loix, ſur la nobilite des fonds.

(2) Voyez l'Hiſtoire de Lang. pag. 43 & ſuiv. *Céſar, Mobli & Picard, de priſca Celtopedia.*

(3) Voyez la premiere partie de l'Examen du Recueil des Loix.

ſous *Sigoveze*, & celles qui paſſerent les Monts ſous *Belloveze*; furent toujours ennemis implacables des Romains. Tantôt, les uns faiſoient des irruptions dans les pays le plus protégés des Romains; tantôt, les autres paſſoient le Rhin pour tenter de les chaſſer des Gaules.

Ces Celtes germaniſés étoient extrêmement déſirés dans les Gaules: en entrant vainqueurs dans leur ancienne Patrie, ils y trouverent une même diſpoſition d'eſprit en leur faveur. Dès-lors, ils ouvrirent à la Nobleſſe gauloiſe, un retour vers leur ancienne liberté, & l'admirent dans la claſſe des Vaſſaux ſous le nom *de Convives du Roi*. Cet eſprit ſympathique de deux Peuples deſtinés à être réunis, donnoit de la force à celui qui entreprenoit une réunion que le Clergé cimentoit. Leur Chef n'y eût point réuſſi, s'il eût voulu priver les Egliſes, & les Seigneurs, de la franchiſe de leurs biens; moins encore, s'il eût tenté d'élever ſa grandeur ſur la ruine de celle des compagnons de ſon entrepriſe. Quel autre moyen, que le *partage des terres*, pour concilier la prééminence du Roi, avec les prétentions des Grands qu'il falloit lui ſoumettre. (4)

En embraſſant le Chriſtianiſme, ces vainqueurs des Romains, les Gots, les Viſigots, & les Francs, ont conſervé, pour les Prêtres de leur nouvelle Religion, les ſentimens de vénération auxquels ils étoient accoutumés à l'égard de leurs Druides: il les ont confirmés dans les mêmes franchiſes & exemptions de leurs biens; & la conſtitution Eccléſiaſtique n'a reçu aucune atteinte dans le changement du gouvernement. (5)

---

(4) Voyez l'Examen du Recueil des Loix, ſur la nobilité des fonds, troiſiéme partie.

(5) Voyez la ſeconde partie de l'Examen du Recueil.

Dès le commencement de la Monarchie, les terres des Eglises furent donc conservées avec leurs immunités; & ces terres, bien loin d'avoir eu quelqu'accroissement, dans le dixiéme siecle, ont été réduites, considérablement, par les guerres & les usurpations. Les autres furent partagées: les *Visigots* prirent les deux tiers pour eux: les *Bourguignons* & les *Francs* en userent de même, & laisserent l'autre tiers aux Romains qu'ils trouverent établis dans les Gaules. Ces deux tiers, dans lesquels on peut comprendre les biens des Eglises & des Seigneurs Gaulois, formerent la classe générale des biens nobles: le tiers abandonné aux Romains, n'en fut que l'exception. (6)

Ces Conquérans continuerent d'être une Nation libre, & devinrent tous les Nobles de l'Etat: aucun impôt ne fut jamais levé sur leurs terres de partage. L'immunité des personnes libres étoit inséparable de la propriété & de la nobilité des terres.

On ne trouve point d'article dans les Loix des Saliens, des Ripuaires, des Gots, Visigots, ni des Bourguignons, qui fasse mention d'aucune sorte de tribut perpétuel sous le nom de *cens*, *taxe*, *aydes*, *ou taille*. Les Capitulaires de nos Rois de la premiere & seconde Race, qui n'en sont que les supplémens, n'imposent aux hommes libres, nobles, ou ecclésiastiques, aucune obligation de payer de tribut: la franchise de leurs propriétés est incontestable. Toutes ces Loix & ces Capitulaires ont été constamment suivis jusqu'au treizième siecle. La Police, l'art des finances des Romains, & même leurs Loix furent inconnues jusqu'alors dans toutes les Gaules. (7)

---

(6) Voyez la troisième partie, *ibid.*

(7) Voyez les Observ. préliminaires de l'Examen du Recueil des Loix, sur la nobilité.

Les Evêques tinrent le premier rang parmi les Gaulois, comme l'avoient tenu les Druides : ils le tiennent encore de même aux Etats de Languedoc. Sous la premiere & seconde Race, leurs prérogatives étoient des plus élevées ; (8) ils étoient choisis parmi les Familles les plus illustres ; leur égalité avec les Leudes, ou Vassaux du Roi, est établie, non-seulement quant à la dignité, mais encore quant à leurs possessions : on ne mettoit aucune différence entre les terres données à l'Evêque, au Titulaire de l'Eglise, ou à l'Eglise même à titre d'immunité, & celles que les grands Vassaux tenoient à titre de fief. *L'Edit de Pistes* met dans la même classe le domaine du Roi, les terres de l'Eglise, & le territoire des Seigneurs.

Vers la fin de la seconde Race, lorsqu'en 933 le Seigneur Evêque Reginal fit délivrer à ses Chanoines, par ses parens les Souverains de Beziers, l'Eglise & l'*honneur* de St Pierre, les biens Ecclésiastiques étoient en proie aux Promoteurs des troubles & des guerres civiles qu'éprouva le dixiéme siecle : ils furent confondus avec les fiefs * ; & bien loin d'avoir été avilis dans cette confusion, leur immunité se seroit fortifiée s'ils étoient passés entre les mains des Seigneurs : celle des biens de St Pierre, n'a certainement pas été dégradée par la possession du Seigneur Evêque Reginal, Administrateur & unique Titulaire des biens de sa Cathédrale.

Jamais les biens possédés par un tel Seigneur, au commencement du dixiéme siécle, ne furent sujets à des impôts roturiers. Lorsque *Hugues Capet* monta sur le Trône, ils en furent également exempts. Le *Cens*, que le Syndic adopte, étoit alors

---

(8) Voyez la note 5 sur la 3e piece du Recueil des titres justificatifs de la nobilité des biens de l'Eglise Saint Pierre.

* Voyez l'Hist. de Languedoc, tom. I. & la 7e piece du même recueil.

comme à présent, un droit seigneurial qui ne deviendra jamais, ni public ni fiscal. Le nom de *taille* fut inconnu sous la premiere & seconde Race de nos Rois; & ce ne fut que dans les désordres du dixiéme siecle, *à l'instar des droits de Coutume*, que les Seigneurs exigerent en certains cas, une redevance qu'ils nommerent *Taille.* (9) Les biens de l'Eglise de St Pierre, administrés par le Seigneur Evêque, pouvoient si peu être assujettis à ce droit seigneurial, que l'Eglise elle-même percevoit ce même droit sur ses Vassaux, ainsi que les Seigneurs.

Les impositions sur le Languedoc ne furent qu'accidentelles. La premiere fut le Vingtiéme que *Louis le Jeune* leva en 1167; c'est-à-dire 234 ans après la Chartre de 933.

Philippe Auguste demanda à ses Communes, des Aydes extraordinaires sous prétexte des Croïsades; elles lui furent accordées passagerement.

Saint-Louis leva des collectes pour le même objet.

Philippe le Bel exigea le Cinquantiéme; le Roi *Jean* le Vingtiéme; *Charles V.* le Fouage: tous ces Impôts, ainsi que les appeaux volages, & le droit de molage, ne furent que passagers. Ce sont autant de reconnoissances que les Souverains de Languedoc, depuis le dixiéme siecle jusqu'au quinziéme, n'exigeoient aucun Impôt ni *Taille*, par obligation ni par devoir; mais ce sont encore des preuves solides, que les Tailles n'étoient encore, ni anciennes impositions, ni réelles, ni générales, ni perpétuelles, ni royales.

Charles VII. eut tant d'obstacles à vaincre pour se défaire des Anglois, des Ducs de Bourgogne & de Bretagne, qui avoient mis le Royaume en combustion, qu'il eut besoin des

---

(9) Voyez la Dissertation sur les Tailles, part. 4 de l'Examen du Recueil des Loix.

plus grands secours. Le Clergé & la Noblesse du Languedoc, lui donnerent les preuves les plus éclatantes de leur zéle & de leur fidélité. Il fut en même-temps levé un Impôt, appellé *Aydes*, au besoin de l'Etat, sur les terres des Roturiers. *Les Marchands des grosses Villes* s'en prétendirent exempts, sous prétexte qu'ils n'habitoient point dans les Communautés sur lesquelles leurs possessions étoient situées: c'est ce qui donna lieu à l'Ordonnance de 1446, qui est la premiere que nous ayons sur les Aydes, aujourd'hui appellées *Tailles* en Languedoc, par rapport à la repartition qu'il en fallut faire tous les ans.

Dès-lors, c'est-à-dire, 513 ans après la Chartre de 933, il fut fait un cadastre général, dans lequel furent compris tous les biens roturiers qui contribuoient ci-devant passagerement aux Aydes; & la Taille, ou la repartition de cet Impôt, devint perpétuelle.

Les biens des Eglises principales, ni ceux des Seigneurs-Justiciers, n'y furent point compris; parce qu'ils ont conservé leur franchise primitive, cette propriété, ce titre précieux & solemnel, reconnu dès le commencement de la Monarchie. Quoiqu'il n'en existe à présent en Languedoc que la soixantiéme partie par la négligence des propriétaires, la franchise de cette partie est toujours la même: seroit-ce, après toutes les révolutions que ces biens ont essuyé pendant huit siecles, qu'on pourroit forcer le Conseil du Roi à juger, par des principes nouveaux, de la qualité de ces biens; tandis qu'il n'y a point de célébre Jurisconsulte qui ne décide de la nobilité des biens de St. Pierre? 1°. Par rapport à leur source. 2°. Parce qu'avant & depuis la Chartre de 933, ils n'ont été compris dans aucun cadastre, ni assujettis à aucune sorte de charges publiques & roturieres. 3°. Parce que lorsqu'on a entrepris de les

les encadastrer en 1555 ; & en 1605 ils ont été contradictoirement rayés du compoix, & déchargés des tailles par des Arrêts qui les ont déclaré nobles & immunes de toutes charges.

SECTION II.

Principes sur l'ancienne administration des biens de l'Eglise.

L'Evêque, comme pere commun des Fideles, présidoit aux assemblées, recevoit les oblations, & les distribuoit aux Clercs. (1)

Quand l'Empereur Constantin eut permis à l'Eglise de posséder librement des fonds de Terre, (2) & de se faire restituer

---

(1) *S. Justin 2e apol. S. Cyprien lett. à Rogatius, Conciles de Gange, de Calcédoine & d'Orléans.* On sçait que les Fidèles de l'Eglise naissante de Jérusalem vendoient leurs biens & en consacroient le prix pour être employé à l'entretien des Ministres de l'Eglise & à la subsistance des pauvres; que les Apôtres en avoient la dispensation; qu'ils la donnerent ensuite aux Diacres leurs coadjuteurs. Ces Fidèles auroient aussi librement donné ces mêmes héritages à l'Eglise, s'il n'eût été à craindre que les persécuteurs de la Religion ne s'en fussent emparés. Ces secours en argent étoient bien plus utiles dans les premiers temps, que celui qu'il eût fallu attendre des revenus d'un fonds, dont les Payens n'auroient fait aucune difficulté de s'emparer, quoique les Empereurs n'eussent point interdit à l'Eglise d'en posséder. *Deinde quia Apostoli prævidebant Ecclesiam in gentes translatam iri; id circò prædia, in Judæa minimè sunt adepti, sed prætia tantum modò ad foventes Egentes. Can. futurum Caus. 12, quest 1.* Pinsson *de orig. bonorum Eccles.* n. 12, 21 & 22. V. *Greg. Tolos. synt. Jur. univ. part. 1, lib. 2, cap.* 28.

(2) *Habeat unusquisque licentiam sanctissimo, Catholico que Concilio quod optaverit relinquere, & non sint cassa judicia ejus. Postquam jam aliud velle non licet, liber sit stylus.* Lib. 1, Cod. de sacro. s. cul. *Quidquid vellent*

celles qui lui avoient été enlevées ; (3) les donations qui lui furent faites, soit par les Seigneurs, soit par les Roturiers ; furent également privilégiées, & les biens donnés exempts de toutes charges. (4) Ces biens furent destinés, & sont en effet encore employés à l'entretien de la majesté des Temples, à

Christiani legare, licitum fuit Constantini sanctione quoquo modo. Pinsson. *Ubi suprà n. 16.* Charlemagne, à la tête de sa Nation, s'exprimoit encore avec plus de force. *Si quis pro salute animæ suæ de rebus suis, cartam donationis quamlibet facere voluerit non sicut hactenus fieri solebat, sed absolutè faciat unusquisque de rebus suis quod velit.* Art. 1 du Cap. de l'an 801.

(3) *Quæ ad Ecclesias rectè visa fuerint pertinere, sive domus, ac possessio sit, sive agri, sive horti, sive quæcumque alia, restitui jubemus.* Eusebe *de vitâ Constantini* Lib. 2, cap. 39. Constantin commit l'exécution de son Edit à *Avelin*, & lui manda de faire promptement restituer aux Eglises les biens que ses sujets pouvoient leur retenir. *Lemaître*, Lib. 1, cap. 12. Avant cet Empereur l'Eglise jouissoit de biens considérables. *Conc. d'Antioche. Eusebe* Lib. 4, cap. 23. Thomassin part. 3, Liv. 1, chap. 3, n. 3. Pie V. Epit. aux Italiens. *Pinsson de divisione Benef.* § 21. n. 17. pag. 41. *Attendendum est omnibus* (disoit Urbain I. dans son Epitre à tous les Evêques) *& firmiter custodiendum, ne prædia usibus sacrorum dedicata, à quibusdam irruentibus vexentur.* Ce fut ce Pontife qui assembla les Evêques, lorsqu'ils déciderent qu'il seroit plus utile de conserver des biens-fonds aux Eglises, pour en tirer un revenu annuel & entrenir les Ministres de l'Autel, que de les vendre & en consommer le prix. *Conciles de Labbé*, Tom. 1, pag. 619. Lorsque *Clovis* monta sur le Trône des Gaules, plusieurs Eglises étoient dotées, puisqu'il confirma leurs exemptions. *Hist. de Fr. tom. 1. Greg. de Tours. Lemaître de bon. & possess. Eccl. Lib. 2, cap.* Testament de S. Remi, rapporté par *Flodoard, Hist. Eccles. rem.*

(4) *Omnia quæ Domino afferuntur simul & consecrantur, non solum oblationes fidelium, sed quidquid ab eis offertur, sive in mancipiis, sive in agris, vineis, silvis, pratis aquis .... Et ad jus pertinent sacerdotum. Cap. 2 de l'an 814, art. 12, p. 521. Art. 6 & 7. Cap. 405, lib. 6.* La Nation Françoise, dans ses assemblées générales en 803, s'étoit déja exprimée plus solemnellement sur l'exemption des biens indistinctement donnés & consacrés à l'Eglise par ce qui suit : *scimus enim res ecclesiæ*

la dignité du culte, à l'entretien des Ministres de la Religion; & au soulagement des pauvres; le tout à la décharge de l'Etat. (5)

Dispensateur des oblations, l'Evêque, comme Chef de l'Eglise, (6) devint unique Titulaire des biens fonds (7) que les Fideles lui consacrerent, de la même maniere qu'ils lui avoient porté les oblations. Il en eut la libre administration,

---

Deo esse sacratas, scimus eas esse oblationes fidelium, prœtia peccatorum. Quisquis ergò nostrum qui suas Ecclesiæ tradit, Domino Deo illas offert, atque dedicat. Baluse tom. 1, p. 405 & 407. *Illicitum ducimus quod ecclesiis concessum est ab ecclesiis revocari. Capit. 1 de l'an 630, cap. 58, art 2. Baluse ibid. p. 41.* Le Concile de Paris en 615, composé des Evêques, des Seigneurs, ne fait aucune distinction entre les biens donnés à l'Eglise & ceux qui lui étoient dédiés par des Particuliers. L'art. 19 du Capit. de l'an 715 ordonne, *ut omnes immunitates par universas ecclesias conservatœ sint* .... Si l'on veut jetter les yeux sur des temps plus reculés, & considérer le vœu ou les régles des plus anciennes Nations, l'on voit que les Egyptiens, les Assyriens, Perses, Athéniens, Macédoniens & les Romains, exemptoient de tout tribut les terres de leurs Pontifes. *Quod enim Deo semel consecratum est amplius profanis usibus mancipari non debet.* Pline Lib. 10, Ep. 75. Les Gaulois suivant *Papon*, Liv. 5, tit. 11, art. 39, & M. l'*Abbé Mably* porterent encore plus loin les prérogatives & les exemptions de leurs Prêtres les Druides. V. César dans ses Comment. *Chopin* tit. 13, p. 148.

(5) S'il y a des abus, ce ne sera pas parmi les Bénéficiers d'une Cathédrale qui, avec de très-modiques revenus célébrent continuellement, & avec édification, le Service divin.

(6) *Episcopi dicuntur sacerdotes per eminentiam quia sunt summi sacerdotes in suâ quisque ecclesiâ.* Cujas *ad Cap. 1, tit. 2, Lib. 3. Decret. tom. 4.*

(7) *Placuit ut episcopi rerum ecclesiasticarum in omnibus juxta sanctorum canonum plenam semper habeant potestatem.* Capit. 3 de l'an 814, art. 3, p. 527, de *Baluse. Omnia secundum constitutionem antiquam ad episcopi ordinationem & potestatem pertinent.* Cap. 292 & 468, Lib. 7. *De his quæ Parochis, in terris, vineis, mancipiis, atque peculiis, qui cumque fideles obtulerint antiquorum canonum statuta serventur, ut omnia in episcopi*

(8) ſous l'obligation cependant, d'en diſtribuer le revenu aux Clercs, à ſes Chanoines, ſuivant leur mérite & leur travail : (9) il ne pouvoit les aliéner ; mais il avoit la faculté d'accorder la jouiſſance de quelques terres à ſes Clercs, ſous condition qu'après leur mort, ces Terres retourneroient à l'Egliſe (10).

Au rapport d'Héricourt, (11) l'ancienne & générale diſcipline de l'Egliſe étoit de conſerver dans une ſeule maſſe, dans chaque Diocèſe, les biens eccléſiaſtiques, ſous l'adminiſtration de l'Evêque Diocéſain. Elle ſubſiſtoit encore ſous la ſeconde race de nos Rois. (12)

---

poteſtate conſiſtant. Can. 15, Concile d'Orléans. *Placuit ut omnes eccleſiæ, cum dotibus, & omnibus rebus ſuis in epiſcopi poteſtate conſiſtant, atque ordinationem & diſpoſitionem ſuam ſemper pertineant.* Capit. 3 de l'an 814, art. 11, p. 529. *Pithou* ſur les Can. 2, 3 & 7 de la queſt. 1, cauſ. 10 ; & ſur le Can. 7, queſt. 2, *ibidem.*

(8) Thomaſſin Diſcip. Eccleſ.

(9) Le Presbitere compoſé de Prêtres & de Diacres auxquels les revenus des fonds eccleſ. étoient diſtribués, a duré mille ans entiers. *Bib. Can.* ſous le mot *exemptions*, p. 117 ; les Chanoines de Béziers n'avoient jamais eu de menſe ſéparée de celle de leur Evêque avant la Chartre de 933.

(10) Lettre du Pape Simmaque à S. Cézaire, rapportée par *Héricourt* dans ſa Diſſertation ſur l'origine des Bénéfices, 2e partie de ſon Traité des loix eccleſ. A la naiſſance de l'Egliſe (dit Thomaſſin, part. 3, p 665) » il n'y avoit que l'Egliſe *Cathédrale* ; toutes les offrandes « & les fonds qu'on donnoit lui appartenoient. L'Evêque ayant enſuite » permis la fondation de nouvelles Egliſes dans la Ville ou aux Champs, » il demeuroit toujours le maître & le diſpenſateur de ce qui s'y offroit ; » parce que les Egliſes n'étant qu'un démembrement de la Cathédrale, » il conſervoit ſur elles le même droit. Il y nommoit des Bénéficiers » auxquels il laiſſoit telle part qu'il lui plaiſoit des fonds, ou des offrandes.

(11) *Héricourt ibid.*

(12) Cette diſcipline fut confirmée dans le neuv. ſiécle par *Louis le Débonnaire.* V. les Capitul.

Les Clercs ou Chanoines avant le onzième siecle ne pouvoient accepter aucune donation, ni posséder aucun fonds en particulier. (13) Les Fidéles donnoient toujours à l'Evêque, ou à telle Eglise, (14) & jamais aux Chanoines.

C'étoit une maxime, que pour donner un plein effet à une donation faite à une Eglise, il falloit la confirmation du Souverain. (15) Il n'y avoit que les concessions faites par les Evêques, qui fussent exceptées de cette formalité, par la raison que leurs biens demeureroient confondus avec ceux de leur Eglise, s'ils n'en avoient pas disposé (16). Telle étoit encore la discipline observée dans le neuvième & dixième siecle (17).

---

(13) *Nullus eas dare vel accipere absque proprii Episc. audeat jussione.* Cap. 5 de l'an 814, art. 3, p. 527. *Si quis oblata dederit vel acciperit præter episcopum vel eum qui constitutus est ab eo, & qui dat & qui accipit, anathema sit.* ibid. Qu'on parcoure toutes les formules de Marculfe & de Miré, on ne trouvera aucune donation de biens profanes faite aux Chanoines avant le douziéme siécle, mais toujours à l'Evêque. *Ad ecclesiam vel basilicam illam.*

(14) V. les Formules de Marculfe.

(15) Le savant Commentateur de ces Formules, M. *Bignon*, a eu soin de dire que, *confirmatio à rege locis sanctis & venerabilibus indulta, solemne erat eam à principe impetrari.* Ad Lib. 1 des Formules, p. 275.

(16) *Episcoporum res propriæ placuit ecclesiarum res esse.* Loix des Visigots, Concile de Paris, Can. 2. V. Authen-licentiam, Cod. de Epis. & Cler, Thomassin p. 3, Liv. 1, ch. 20, n. 3; Liv. 2, p. 984. Hist. Ecclef. par M. *Fleuri*, tom. 8, p. 456. Hist. de Lang. tom. p. 381.

(17) Les Capit. de *Louis le Débonnaire*, le Concile de Troscai en 909, can. 6, le prouvent de même. On s'y conformoit alors, comme ayant été établie par les saints Peres, *à sanctis Patribus constitutum.* Les Evêques étoient encore, dans le dixiéme siécle, seuls titulaires, administrateurs & dispensateurs des biens & des revenus ecclésiastiques.

Le partage des biens Ecclésiastiques fut ordonné par les Conciles en quatre lots. Le premier pour l'Evêque, le second pour ses Clercs, le troisiéme pour les pauvres, & le quatriéme pour l'entretien & les réparations de l'Eglise : (18) mais ce partage de l'usufruit, plutôt que des fonds, n'a commencé d'avoir lieu que dans le dixième & onzième siécle. Le plus ancien, dont on ait quelque certitude, est celui de la mense commune du Diocèse de Meaux en 1004. (19)

Entr'autres motifs qui donnerent lieu à ce partage, ce fut celui d'établir la vie commune dans les Chapitres. Les Empereurs, les Rois & les Evêques firent de grandes libéralités aux Communautés des Clercs pour en former des Chapitres, & les engager à vivre en commun : en consequence, on leur assigna des fonds, des dîmes & des paroisses pour leur subsistance : ce furent-là les premiers partages qui se firent de la mense commune des Eglises. (20)

Mais comment procéda-t'on à ce partage ? Par forme de legs, par des concessions & des donations. C'est de cette maniere que les Evêqûes se sont détachés peu-à-peu de la portion concernant leurs Chanoines. (21) pour former leur mense particuliere. (22) elle a eu quelque consistance dans le *onzième*

---

(18) Saint *Gregoire* Pape, dans sa réponse à *Augustin*, Evêque des Anglois.

(19) Il est rapporté par Messieurs de Sainte Marthe, dans le *Gall. Christ.*

(20) Traité des droits du Roi sur les Bénéfices, tom. 1, p. 4.

(21) Il n'y a qu'à jetter les yeux sur le Gall. Christ. aux preuves. V. d'Héricourt.

(22) Avant l'an 933, les Chanoines de Béziers n'avoient possédé aucun fonds à part de leur Evêque ; leur droit sur la mense commune

fiecle. Les Chanoines ont commencé à faire corps à part de leur Evêque, fous le nom de *Chapitre*, qui fignifie *feconde tête* après celle de l'Evêque, nom inconnu avant le dixième fiecle, avant le Concile *de Latran*: d'où il réfulte que les intérêts des Chanoines de Beziers n'étoient pas encore diftingués de ceux de leur Evêque en 933.

Le commencement de leur menfe particuliere prend fon origine dans une donation qui leur fut faite par le Seigneur *Reginal*, leur Evêque à la fin de la feconde race (en 933.) Tous fes fucceffeurs, pour la completter & fe conformer aux décrets des Conciles concernants le partage, ont peu-à-peu détaché des parties de la menfe primitive, tant en biens fonds, qu'en dîmes ou paroiffes, (23) dont l'origine fe perd

---

étoit réel. Il devoit avoir ou tôt tard fon effet, foit par le partage, foit par forme de legs ou de donation de la part de l'Evêque qui en difpofoit, & qui l'adminiftroit comme chef du Corps des Chanoines. *Cap. nov. ext. de his quæ fiunt à Prelato fine confenfu Capituli.* Les Chanoines font fi réellement coopropriétaires de la menfe commune, que dans les conceffions, confirmations & autres affaires de l'Eglife, le Prélat doit avoir recours aux Chanoines de fa Cathédrale, & ne rien faire que de leur avis. *Cap. quanto ibid. Epifcopus rebus ecclefiæ tanquam commendatis, non tanquam propriis utatur.* Concil. Cart. cap. 51. *Non ea noftra funt quorum quodam modo per procurationem regimus.* S. Auguftin Epit. 50. V. *Vanefpen* tom. 2, part. 2, tit. 5, cap. 10, n. 7, p. 103.

(23) Le Seigneur *Reginal*, Evêque de *Béziers*, de la famille des Souverains de ce nom, & le premier des Evêques qui ait affigné à fes Chanoines en 933, l'Eglife de S. Pierre & les biens en dépendans, pour les *faire vivre en commun.* Bernard, fon fucceffeur médiat, confirma en 954 l'affignat de *Reginal.* V. *Andoque*, *Gall. Chrift. de ecclef. Bitter. tom. 6, p. 304. Matfred*, Evêque de Béziers, augmenta le fonds des Chanoines, *parce que*, difoit-il, *ceux que leur avoient délaiffés fes Prédéceffeurs n'étoient pas fuffifans pour leur fubfiftance.* Motif remarquable. *V. l'acte de 1092.*, produit par le Chapitre. *Guillaume Cervier* confirma le 12 Juin 1230, la ceffion qui avoit été faite à fes Chanoines de l'Abbaye de S. Genet. *Gall. Chrift. ibid. p. 314.* Guillaume III, autre Evê-

dans l'obſcurité des ſiecles précédens, & paſſe au-delà de la Monarchie.

La menſe particuliere du Chapitre de Beziers eſt par conſéquent auſſi ancienne & auſſi privilégiée que celle de ſon Evêque. La diviſion, qui en a été faite en deux lots, les dégrade ſi peu, que leur union de menſe ſubſiſte toujours quant à la propriété. L'Evêque & le Chapitre les poſſédent *in ſolidum* : l'un ne peut aliéner ſans le conſentement de l'autre (24), encore faut-il que ce ſoit dans des cas agréés par

---

que de Béziers, unit à ſon Chapitre, au mois de Septembre 1177, les Egliſes ou Paroiſſes de Lédignan, de S. Etienne, de Bojan & autres, avec le droit de patronage. *Ibid. p.* 320. *Raymond* IV, Evêque de Béziers, détacha en 1249, des fonds de la menſe épiſcopale pour completter celle de ſon Chapitre. *Ibid.* p. 335. *Pontius*, autre Evêque unit à ſon Chapitre en 1262, l'Egliſe de S. Symphorien de Marauſan, dépendante de ſa menſe, & donna en outre des dîmes au Chapitre, pour augmenter le luminaire. *Ibid. p.* 337 & 338. *Guillaume du Monjoye*, en 1451, fit pluſieurs dons à ſon Chapitre, pour rétablir ſon Egliſe. *Raymond* V, autre Evêque de Béziers, augmenta ſa menſe d'un fonds de 5000 livres. *Ibid. p.* 341. Jean I, ſon ſucceſſeur, pour completter définitivement la menſe du Chapitre, lui donna quatre dîmeries, & trois Prieurés. *Ibid. p.* 367. Toutes ces gradations de complement de menſe, tous ces ſupplémens de dot prouvent que les premiers biens de l'Egliſe de S. Pierre, que le Seigneur Reginal avoit aſſignés à ſon Chapitre, n'étoient pas ſuffiſans pour la ſubſiſtance de 73 Titulaires & de 20 Gagiſtes, ou ſuppots qui le compoſent aujourd'hui.

(24) *Papon*, Liv. 3, tit. 3, art. 3, cité par *Boutaric*, des droits ſeigneuriaux, chap 12, part. 3. *Dutillet*, tom 1, des libertés de l'Egliſe Gallicanne, n. 4, p. 45. *Epiſcopus & quilibet Prelatus rerum eccleſiaſticarum ſit Procurator & non Dominus.* Cap. 2. *de donation. Summa regula hæc eſt, irritam eſſe donationem, venditionem, permutationem rei eccleſiæ factam à Prælatis, puta Epiſcopo aut Archiepiſcopo, aut Patriarcha, vel Abbate ſine conſenſu Capituli, aut ratihabitatione ejus. Cujas* ad tit. 10. *De his quæ fiunt à Prælatis ſine conſenſu capit.* Tom. 4. Parce que l'Evêque ne poſſéde les biens d'Egliſe que comme un dépôt ſacré, *quaſi commendata.* Ils ont toujours été communs entre lui & ſon Clergé. Thomaſſin part. 3, Liv. 2, chap. 5, & ch. 38, p. 882.

Le

le Souverain. Les premiers biens, qui ont formé la mense particuliere du Chapitre de Beziers, étoient libres, francs & ecclésiastiques avant le dixième siecle ; reconnus & décidés tels jusqu'au dix-huitième, peuvent-ils être dénaturés sans motif en 1770 ?

SECTION III.

Analise des Titres respectivement produits par les Parties, ou, Précis du Fait.

Reginal, Evêque de Beziers, étoit de la famille des Vicomtes de ce nom ; il étoit encore parent de ceux *d'Agde* & de *Narbonne*, qui jouissoient tous des droits regaliens * (1)

Trois ans après sa mort, *Teudon*, Vicomte de Beziers ; *Odon*, Vicomte de Narbonne & ses deux Aumôniers, par une chartre du 14 Avril 933, † délivrerent par son *ordre* aux » Chanoines de *l'église de S. Nazaire*, (Cathédrale de Be- » ziers) *le lieu de S. Pierre d'Apullo* (2) avec son Territoire,

14 Avril 933. Chartre des Vicomtes de Beziers & de Narbonne.

---

(1) V. la note 4 sur la troisiéme piéce du recueil des titres justificatifs de la nobilité de l'Eglise & biens de S. Pierre, *Hist. de Languedoc, tom. 2, p. 68 & p. 577, note 20.*

* *Brussel* tom. 1, Liv. 2, ch. 17. Suivant M. de *Basville*, ils se considéroient comme des *souverains.*

† C'est un titre expédié sous le sceau de ces deux Seigneurs.

(2) Le Syndic de la Province, p. 99 de sa requête aux notes, veut que le lieu de *S. Pierre d'Apullo* ne soit pas le même que celui de *S. Pierre de Bosco* ; & l'on fait dire aux Maire & Consuls la même chose, dans un Imprimé intitulé Recueil de divers Actes, p. 91 & 92. Dans cette illusion, ils affirment, comme si c'étoit vrai, que ces deux dénominations forment *deux domaines* absolument distincts & séparés, quoique ces deux dénominations soient réunies dans tous les titres possessoires, pour exprimer le même objet. Mais pour lui prouver que *S.*

» le bois, le moulin, le droit d'ecluse & de *pesche*, les Isles » & généralement toutes leurs appartenances, consistant en » *l'église de S. Pierre, les vases sacrés les sacristies, les cime-* » *tieres*, maisons, cabanes, mazures, habitations champêtres » ou fermes, olivettes, parcs, vergers, domaines, vignobles, » prés, patûrages, glandages ou dîmes de cochons, forêts, » garrigues, *eaux & cours des eaux*, avec tous leurs droits & » appartenances découvertes & à découvrir (3).

Tel est le commencement de la mense particuliere du Chapitre de Beziers. On remarque que la chartre qui nous l'a transmise, n'ordonne aucune priere pour le *Seigneur Reginal*, & qu'il ne fait mention d'aucun Testament, legs, ni d'aucune donation de sa part. Qu'on la regarde comme une donation des biens propres de Reginal, ou comme un détachement par lui fait de la mense commune ; ces biens doivent être également présumés nobles : c'est ce qu'il sera aisé de justifier.

Rien ne prouve mieux que ces biens faisoient partie de la mense commune que la confirmation que l'Evêque Bernard,

---

Pierre d'Apullo est le même que *S. Pierre de Bosco*, le Chapitre le renvoie à la Sentence de 1281, aux Arrêts de 1556, à la transaction de 1608, à la délibération de 1609, à l'Arrêt de 1755 que le Conseil a cassé, & dont il demande lui-même l'exécution; enfin à tous les actes produits par les Maire & Consuls de Béziers, s'ils sont en bonne forme. Il va encore plus loin; c'est qu'en supposant avec le Syndic, & les Maire & Consuls qu'il y eût deux domaines réellement distincts & séparés, le Chapitre déclare que pourvu que celui qui se trouve désigné & limité par les Sentences & Arrêts cités ci-dessus, soit maintenu dans sa présomption de nobilité, il consent que l'autre soit soumis à toutes sortes d'impositions.

(3) V. le N°. 3 du Recueil des piéces justificatives de la nobilité de l'Eglise & biens de S. Pierre.

ſucceſſeur de Reginal, fit en 954 (4) de la charte de 933. An. 954. Confirmation de la chartre de 933.

L'uſage étoit alors de récompenſer les ſervices des vieux Prêtres & de leur donner à titre de precaire, l'uſufruit pendant leur vie de quelque bénéfice, paroiſſe, ou des biens en dépendans.

„ Ce fut à ce titre que le même Evêque *Bernard* & tous les „ Chanoines de S. Nazaire enſemble, détacherent en faveur de „ Giſlemond, par acte du 13 Septembre 959, des biens de leur „ Egliſe dans le Territoire de Beziers *aliquid de rebus Sancti* „ *Nazarii*, & lui donnerent S. Pierre d'Apulo avec les Champarts dits de Arignan, les *dîmes* de S. Pierre, les *prémices*, les „ bois, les Iſles, les droits de pêche, les rivages ſous cette „ condition & convention qu'autant qu'il vivroit, il en jouiroit, & n'auroit en aucune maniere la faculté de les vendre, „ ni aliéner, ni donner, ni échanger; qu'il offriroit chaque année à Dieu & à S. Nazaire une meſure de bled pour marque „ de la propriété de cette Egliſe, & qu'*immédiatement après* „ *ſa mort, le tout ci-deſſus donné, reviendroit à l'Egliſe* S. Nazaire „ du ſiége de Beziers.

13 Sept. 959. Précaire, bénéfice ou donation à vie, faite par l'Evêque & les Chanoines à Giſlemont.

„ Les Hiſtoriens de Lang. tom. 2, p. 109. diſent & prouvent que dans les troubles du dixième ſiecle, les principaux „ Seigneurs chercherent à s'aggrandir aux dépens des biens de „ l'Egliſe, qu'ils s'emparerent de la plus grande partie par la „ violence, & que les Evêques de leur côté ne ſe firent point „ de ſcrupule de les faire paſſer à leurs parens.

Matfred n'occupa pas plutôt le ſiége Epiſcopal de Beziers, qu'il fut affecté de la deſtruction des Chanoines de ſa Cathédrale, occaſionnée par les diſſipations de ſes prédéceſſeurs,

(4) V. le No. 4 *ibid.*

(5) Cette piéce eſt produite par le Chapitre & par les Maire & Conſuls.

& par l'uſurpation que les Seigneurs avoient fait des biens de ſon Egliſe.

14 Février 1092. Supplément de menſe, donné par Matfred, Evêque à ſes Chanoines.

Les Chanoines de S. Nazaire, n'ayant point de quoi ſubſiſter, ne pouvoient ni vivre en commun, ni faire le Service Divin. Matfred, par un acte du 14 Février 1092, ſacrifia une partie de ſa menſe pour les rétablir dans la vie commune, & leur donna la Prévôté & la Sacriſtie avec les dîmes, premices, égliſes & biens en dépendans qui avoient déjà été donnés à titre de précaire, de bénéfice & d'uſufruit à des vieux Prêtres. Ses ſucceſſeurs ont imité ſon exemple en détachant de leur menſe des biens-fonds, des dîmes, ou des paroiſſes pour compléter celle du Chapitre, & remplir l'objet du partage qui avoit été ordonné de la commune (6) : aucun de ces ſupplémens de dot, ou de détachement de menſe n'eut jamais beſoin du prétendu concours du Métropolitain. Ce n'eſt pas ſur les reglemens du ſiecle où nous vivons, qu'il faut juger de ce qui s'eſt paſſé ſous la ſeconde race de nos Rois. Les Chanoines ne pouvoient recevoir aucune ſorte de donation de biens profanes ; il n'y avoit que les donations qui leur étoient faites par leur Evêque, qu'ils puſſent accepter ; parce que c'étoit pour leur tenir lieu de la rétribution quotidienne, & que ces biens étoient préſumés faire partie de la menſe commune, ſous quel titre que les Evêques les leur tranſmiſſent pour vivre en commun.

„ Il n'étoit preſque pas de Seigneur * dans le dixième ſie-
„ cle qui ne poſſédât pluſieurs égliſes ou paroiſſes avec les
„ dîmes, les prémices, les oblations & même le droit de ſé-
„ pulture dont ils diſpoſoient comme de leur patrimoine.

---

(6) V. *ſupra* la note 23, ſect. 2.
* *Hiſt. de Lang. Tom.* 2. *p.* 109.

„ Plusieurs de ces Seigneurs restituerent à la vérité, en différens tems, aux Cathédrales & aux Abbayes quelques-unes de „ ces Eglises dont ils les avoient dépouillées. Tantôt c'étoit à „ titre d'engagement, pour exiger une certaine somme de l'E- „ glise même; tantôt à titre de donation, ou de legs, sous différentes conditions ou stipulations de prieres ou, de réversion.

5 Juin 1097. Restitution faite par Arnal à l'Eglise de Beziers.

Un Acte du 5 Juin 1097. prouve que l'Eglise, le lieu & les biens de S. Pierre ne furent pas à l'abri de l'invasion des Sei- „ gneurs: *Guillaume Arnal de Beziers* s'exprime ainsi dans cet „ Acte: ayant mûrement réfléchi & souvent agité dans mon „ esprit que *cet honneur de S. Pierre Dubosc* appartenoit au „ Sanctuaire du Seigneur, & étoit un Fief* *de S. Nazaire & „ Celse* & de leur Communauté, & que *moi & mes peres les „ avons injustement détenus*; je donne, delivre, rends & aban- „ donne au Seigneur Dieu & à ses Saints Nazaire & Celse du „ siége de Béziers, *cujus allodium est*, & aux Chanoines clercs „ *ejusdem loci* présens & futurs en Communauté., tout cet „ *honneur* susdit, c'est-à-dire l'Eglise de S. Pierre Dubosc, „ avec les dîmes & prémices, & *cum suo toto Ecclesiastico & „ cum quantum ad ipsam Ecclesiam pertinet; videlicèt, & ipsam „ villam totam*, avec ses entrées, issues, son territoire, jardins, „ prés, pâturages, vignes, terres cultes & incultes, eaux & „ cours des eaux, moulins, meuniers, vannes, droits de pêche, „ bois, arbres fruitiers & non fruitiers, *hommes & femmes*, &c. „ Que je tiens de S. Nazaire *per fevum* à titre de Fief.

Les mêmes Historiens *ubi suprà* disent que « les successeurs » des Seigneurs qui avoient fait ces sortes de restitutions aux » Cathédrales, tâchoient de les reprendre; c'est relatif à ce » qui se passa au sujet de celle que fit Arnal à l'Eglise de

* *Quod sanctuarium esset Domini.* Arnal dit qu'il tenoit plusieurs Eglises de S. Nazaire; *per fevum*, à titre de fief.

9 Juin 1148. Confirmation de la restitution du Seigneur Arnal.

„ Beziers des biens de S. Pierre. Un Acte du 9 Juin 1148 fait „ par *Agnès & Guillaume de Claret son mari*, confirme celui „ *d'Arnal du 5 Juin 1097*, après avoir reconnu que c'est injus- „ tement qu'ils l'avoient attaqué, & que c'est justement & à „ titre légitime que les Chanoines jouissoient de S. Pierre „ Dubosc.

Année 1203. Chartre du Vicomte de Beziers, qui reconnoît la franchise de l'Eglise & des biens de S. Pierre.

En 1203. l'Eglise & les biens de S. Pierre formoient l'objet le plus intéressant de la mense particuliere des Chanoines de Beziers. Ils furent obligés de la *fortifier* pour la garantir des incursions des Vendales : c'est à cette occasion que par une chartre de la même année, *Raymond Roger*, *Vicomte de Beziers*, *de l'avis* de son *Conseil* & des *Barons de sa Cour*, approuva & confirma toutes les fortifications (7) & constructions que les *Chanoines* avoient déjà faites, ou feroient à l'avenir, aux environs de *l'Eglise & du lieu de S. Pierre.* Il leur permit même d'en faire des nouvelles, & *reconnut* que toutes les *possessions* en dépendantes étoient des *alleux* (8) absolument

(8) Le Souverain a seul le droit des fortifications, & ne les permettoit daus le dixiéme siécle qu'aux véritables Seigneurs.

(8) *Alleu* ou *fief*, dans le dixiéme siécle, étoit la même chose. Hist. de Lang. par les Bénédict. tom. 2, p. 244. Sous *Charles le Chauve* il y eut des Seigneurs qui ne reconnurent aucune supériorité dans leur Comté; ils refuserent de lui prêter hommage *& ne releverent que de Dieu & de leur épée.* « Leurs Terres devinrent des Principautés absolument indé- » pendantes ; & on les appella des Alleux, ou des *Terres allodiales.* » Mably, tom. 1, p. 216. La Seigneurie d'*Hugues Capet* étoit un *al-* » *leu. Ibid.* p. 438. Les Terres seigneuriales étoient appellées *alleux*, » lors même que le Propriétaire ne prêtoit hommage à aucun Sei- » gneur. *Ibid.* ». La Ville de Carlat, Diocése du Pamiers, étoit un *alleu.* Hist. du Lang. tom. 2, p. 94. Une Terre, avec toutes ses dépendances & ses droits seigneuriaux, étoit désignée sous le nom d'*alleu seul.*. *Berenger fils d'Aimeri*, Vicomte de Narbonne, en 1103, donna par une chartre à l'Abbaye de S. Louis, tout l'aleu de la Paroisse

libres & exempts de toutes sortes de charges, sans qu'aucun de ses successeurs pût les inquiéter, rechercher, ni rien prétendre sur ces mêmes biens. (9)

La premiere contestation, qui s'éleva sur la franchise des biens de l'église de S. Pierre, fut en 1280, au sujet du droit de *banderage* & de *tale* que les Consuls prétendoient avoir

---

de S. Sernin de Bizat, consistant en terres, forts, *corvées d'hommes & de femmes*, *questes*, *albergues*, *fermes*, *tailles*, *toltes*, *justice*, *usages*, *lendes*, *chasse*. Ibid. aux preuves, p. 364. *Larga appellatione allodiorum, veniunt etiam feuda & amphiteuses. Raynuntius in verbo & uxor. nomine adel. decis. 2, n. 10.* Ademar, Comte de Valence, reconnut volontairement du Comte de Toulouse en 1239, plusieurs *Châteaux & fiefs* qu'il appelle des *alleux*. Le Comte de Comminges, en 1244, en fait de même de toutes les Seigneuries qu'il possédoit dans le Diocése de Comminges & dans le Couzerans, & les désigne *alleux*. *Feuda prædicta ipse & antecessores ejus tenuerunt pro allodio à tempore cujus memoria non extabat.* Cassseneuve, ch. 11, p. 113 & 114. *In allodialibus non habet rex vel dominus nisi protectionem.* Rebuffe en sa déclaration des Fiefs. V. *Salvaing* de l'usage des Fiefs, ch. 53. Il y a encore en Dauphiné plusieurs Terres en Justice qu'on appelle *alleux*. Celle de Beaufort entr'autres est qualifiée telle, dans l'acte de foi & hommage qu'en fit au Roi Charles VIII le 23 Novembre 1493. L'Abbé de S. Antoine de Viennois. Sous *Charles le Chauve* les possesseurs des *alleux* n'étoient tenus à d'autres charges qu'à défendre la Patrie. Art. 10, tit. 45 de ses Capitul. L'alleu des biens de S. Pierre, cette propriété du Chapitre de Béziers, telle qu'elle est désignée dans la Chartre de 1203, & dans la Sentence de 1281, étoit un Fief, un Alleu véritablement noble, ses titres le prouvent.

(9) *Laudo, approbo, & confirmo vobis canonicis Bitterensis . . . scilicet omnes illas munitiones & forcias & edificationes cum omnibus suis adjacentiis & pertinentiis quas fecistis, vel imposterum facietis*, in ecclesia vel super ecclesiam sancti Petri de Bosco, vel *toto ejus circuitu quam late, vel quam stricte volueritis eas facere . . . ut videlicet illas habeatis, teneatis, & possideatis*, libere & absolute, & sive omni retentione, & inquietatione *mea & omnium successorum meorum & sine omni onere*, & *gravamine sicut libero* & *primo allodio vestro*. Chartre de 1203, N°. 9 du Recueil des titres de la nobilité des biens de S. Pierre.

pour établir des Gardes de fruits indistinctement sur toutes les possessions laïques & ecclésiastiques, pour pignorer les bestiaux, condamner à l'amende, régler les pâturages, & rendre les prairies communes, après la premiere herbe.

7 Mai 1281. Sentence arbitrale. Mais par une Sentence contradictoire du 7 Mai 1281 qui soumit à cette police plusieurs possessions de gens d'église, même quelqu'une de celles de l'Evêque, les biens de S. Pierre en furent nommément déclarés exempts sur le *vû de la chartre* de 933 & de *celle de* 1203. Il fut défendu à tout habitant d'y envoyer paître ses bestiaux, ni d'y rien prétendre. *Eo quod* (porte la Sentence) *Conqua Sancti Petri perpetuó sit devesa* : parce que c'étoit un lieu franc, prohibé à perpétuité & propre au Chapitre. (10)

La taille n'étoit encore connue que pour un endroit Seigneurial que le Roi, les Seigneurs & les Ecclésiastiques imposoient, chacun, en certains cas, sur les habitans de leurs Domaines. Cette imposition n'étoit encore, ni Royale ni Générale, ni réelle ni perpétuelle; elle n'exista jamais chez les Romains, ni sous nos Rois de la premiere & seconde race, ni bien avant sous la troisième; les preuves en sont convainquantes. (11)

Charles VII. vers le milieu du quinzième siecle, la fixa pour toujours. (12) Les Maire & Consuls de Beziers nous assurent

(10) Cette Sentence est produite au Procès. Il est d'autant plus inutile de grossir le fait d'une prétendue Enquête de l'année 1296, d'un Acte de l'an 1298, informes, tronqués, altérés, qu'ils n'ont aucun rapport à la qualité des biens de S. Pierre, dont ils ne font aucune mention. Le détail n'en pourroit être que long & fastidieux.

(11) V. la Dissertation sur les Tailles, partie 4, de l'Examen du Recueil des loix sur la nobilité.

(12) Edit de 1446.

rent que leurs Prédecesseurs firent les plus grands efforts pour y faire soumettre indistinctement tous les biens des gens d'Eglise. La contestation qu'ils leur susciterent à ce sujet, fut décidée par une Sentence du Sénéchal de Carcassonne du 25 Mai 1485 » dans laquelle, après avoir désigné les terres qui devoient être assujetties à la taille, au nombre de quinze pieces, comme y *ayant déjà contribué*, » Le Sénéchal défend aux Consuls de *cotiser les autres biens du Chapitre*, comme *étant de l'ancien Douaire de l'Église*; (13) Les biens de S. Pierre ne se trouvent point compris dans cette Sentence : avant, ni depuis, ils n'ont jamais été contribuables.

25 Mai 1485. Sentence du Sénéchal de Carcassonne.

Les Etats de Languedoc eurent des raisons pour demander, par un cahier exprès au Roi, & aux Etats généraux, assemblés à Tours, la réunion de la Cour des Aydes de Montpellier au Parlement de Toulouse. Les Etats généraux opi-

Réunion de Cour des Aydes au Parlement de Toulouse.

(13) Le dispositif de cette Sentente est rapporté dans le vu des Arrêts de 1556, qui déclare nobles les biens de S. Pierre.

(14) Dans l'origine la Cour des Aides de Montpellier consistoit en un seul Magistrat, qu'on appelloit *Pierre Scatisse*, Trésorier de France. *Charles* V, le commit en 1368 pour juger souverainement les affaires concernant les Aides ; c'est le premier Commissaire en cette partie, dont on puisse parler avec certitude. Sa commission n'étoit que *ad tempus* pour des objets passagers, comme pour les Aides, ordonnées pour subvenir aux frais de la guerre. Hist. de Languedoc, tom. 4, p. 337. En 1402, il n'étoit pas question des Tailles ; les Aides qui leur ont donné naissance, ne commencerent à être levées que sous Philippe le Bel, qui vivoit au commencement du quatorziéme siécle. Suivant d'*Aigrefeuille*, Hist. de Montpellier, p. 593, le Chapitre jouissoit alors, & depuis cinq siécles, de l'Eglise & des biens de S. Pierre, avec toute leur immunité.

Les Officiers qui furent ensuite nommés à cette Commission, furent appellés *Généraux des Aides*. Leur nombre n'étoit pas si grand qu'il l'est aujourd'hui. L'Ordonnance du 14 Janvier 1401, tom. 1 des Ordonnerent à cette réunion ; & le Roi l'ordonna par des *Lettres Patentes du 8 Mars 1484, portant qu'elle seroit réunie au Par-*

---

nances du Louvre, n'en établit que deux pour connoître des Aides ; preuve physique de la non-existance de la Taille Royale.

En 1428, la situation des affaires de Charles VII parut exiger la réunion du Parlement de Paris, séant *à Poitiers*, & de celui de *Toulouse, séant à Béziers*, à cause des ravages de la peste. Les *Etats Généraux*, assemblés à *Chinon*, avoient décidé cette réunion d'une voix unanime, dans la vue de *fortifier le bras de la Justice du Roi*, & de secourir plus efficacement l'*autorité Royale.* Telle est l'expression des Lettres Patentes du 7 Octobre 1428, qui l'ordonnent.

Les Etats de Languedoc réclamerent le Parlement : la difficulté d'aller chercher si loin la Justice excitoit leurs plaintes. Charles VII, qui vouloit ménager le Parlement des Pairs & soulager ses sujets de Languedoc, nomma en 1437 l'Archevêque de Toulouse, les Evêques de Laon & Béziers, M. Arnaud Demarle, Pierre Dumoulin, & Jean Dacy, qu'il avoit établis *Généraux des Aides*, pour juger souverainement des matieres civiles & criminelles dans le Ressort du Parlement de Toulouse. Hist. de Lang. tom. 4, p. 595.

Ces Commissaires acquirent d'abord une certaine consistance ; mais elle fut forcée par la nécessité où l'on étoit d'avoir des Juges. Ce Tribunal ambulatoire ne dédommageoit pas le peuple d'une compagnie dévouée par état à la Jurisprudence, indépendante par sa constitution d'un autre Parlement, & dépositaire de l'autorité judiciaire de nos Rois. Il y avoit des cas où le recours au Parlement de Paris étoit indispensable ; témoin l'Arrêt que rendit ce Sénat en 1437, au sujet des esclaves réfugiés dans les murs de Toulouse. Outre que la Justice perdit quelque chose de cet appareil assorti à la majesté des Loix, les abus renaissoient, les plaintes se renouvelloient, & tout contribua au rétablissement du Parlement en Languedoc.

Les six *Commissaires généraux* des Aides demeurerent supprimés en 1437, par le retour du Parlement. Leurs réclamations n'aboutirent qu'à une vaine cérémonie. La connoissance des Aides qui est l'objet principal de leur institution, fut remise au Parlement par des Lettres Patentes du 21 Juillet de la même année, jusqu'en 1467. Les Commissaires des Aides furent encore supprimés & réunis au Parlement, à la réquisition des Etats de la Province, par des Lettres Patentes du 8 Mars 1484. Deux ans après le Conétable de Bourbon les prit sous sa protection & les rétablit. Au lieu de six Magistrats cette Cour est composée de plus de cent. V. *Aigrefeuille*, Hist. de Montpellier, p. 600. La Chambre des Comptes qui lui est réunie, a été créée par *lement, sous le même pied qu'elle l'avoit déja été sous le regne de Charles VII.* (15) Ce fut le motif pour lequel, l'appel que les Consuls de Beziers interjetterent de la Sentence de 1485, fut porté au Parlement de Toulouse, & non pas, comme l'a dit le Syndic, (16) par des conflits de Jurisdiction : ce qui prouve qu'il n'y en avoit point, c'est que l'Arrêt du Parlement du 14 Mars 1486, ne prononce qu'un congé sur l'appel des Consuls, qui, n'ayant eu aucun grief à libeller, n'oserent se présenter pour le soutenir.

14 Mars 1486. Arrêt du Parlement de Toulouse qui confirme la sentence du Sénéchal.

La Cour des Aydes fut retablie à Montpellier par la protection du Conétable de Bourbon le 5 Octobre 1486; (17) c'est-à-dire, six mois après l'Arrêt du Parlement, (18) qui confirmoit la Sentence de 1485.

Rétablissement de la Cour des Aydes à Montpellier.

François I, qui la forma de six Officiers. Ce nombre a été encore considérablement augmenté. L'élevation de l'une & de l'autre n'a d'autre origine que les circonstances des temps : elles étoient alors bien éloignées de connoître de la nobilité des fonds, qui est l'objet qui lui donne aujourd'hui le plus de consistance.

(15) Sixiéme Registre du Parlement de Toulouse.

(16) P. 106 de sa Requête imprimée. Il ne dit pas encore vrai, lorsqu'il avance qu'en 1485 le Chapitre forma une évocation : il n'y en eut point.

(17) *D'Aigrefeuille, Hist. de Montpellier*, *p.* 224. Cet Auteur n'est pas aussi exact sur les faits particuliers. L'anecdote qu'il rapporte de la maison dite de Montferrier, dans laquelle la Cour des Aides commença à tenir ses séances, ne devroit avoir aucune connexité avec une famille nouvelle qui en a pris le nom. Lorsque dans le XIV. siecle, *Capon* vendit cette maison pour régler les Comptes; cette famille étoit encore dans le néant.

(18) Jamais Arrêt n'eut tant de rapport à la matiere qui fait le sujet des contestations que les Consuls ont suscitées au Chapitre. Si la Sentence de 1485; si l'appel qui en a été fait au Parlement; si l'Arrêt de 446, qui en déboute les Consuls, n'étoient point relatifs (comme le

29 Avril 1531. Transaction.

Sur ces actes judiciaires, il fut passé une transaction le 29 Avril 1531, entre le Chapitre & les Consuls de Beziers, dans laquelle la nobilité des biens de St Pierre ne fut pas même soupçonnée.

En 1553, ils violerent les dispositions de tous ces titres: le Chapitre en porta ses plaintes au pied du Trône, & le Roi le renvoya devant le Lieutenant du Sénéchal de Carcassonne.

Premier Septembre 1554. Ordonnance du commissaire du Roi, qui ordonne l'exécution de la Sentence de 1485, & de l'Arrêt du Parlement.

Le Verbal de ce Commissaire, qui ordonne l'exécution de la Sentence de 1485, est du 1er Septembre 1554; il contient la même énumération des pieces désignées dans la Sentence, & sujette à la Taille: l'Arrêt du Parlement y est aussi rapporté.

Tant de titres sembloient mettre le Chapitre à l'abri de toute recherche; lorsque les Consuls de Beziers comprirent en 1555, pour la premiere fois, dans le nouveau cadastre (19) les biens dépendans de l'Eglise de St Pierre.

1555. Nouveau compoix.

Syndic, les Maire & Consuls le prétendent) à la nobilité des biens de S. Pierre; quels actes pourroient l'être davantage? C'est sur cette Sentence & sur cet Arrêt qu'a été passée la transaction de 1531. C'est sur l'appel de cette Sentence que sont intervenus les Arrêts de 1556. C'est encore sur cet appel que les Parties procéderont après que les Maire & Consuls & le Syndic auront été déboutés de leur opposition. Il est vrai qu'aucune des Parties ne produit, ni la Sentence, ni l'Arrêt; mais leur dispositif est rapporté tout au long dans le Verbal du Commissaire du Roi de l'année 1554, & dans le *Vu* de l'Arrêt de 1556. On ne trouve point au Greffe du Sénéchal de Carcassonne des Registres de l'année 1485, ni à Toulouse des Registres d'Audience avant 1600. Il ne faut pas être surpris d'ailleurs, si ces deux piéces convaincantes, ainsi que bien d'autres, manquent depuis 1556. Les Consuls de Béziers étoient alors de si bonne foi, que *le Vu de l'Arrêt* de la même année porte, qu'un certain *Ardic, second Consul, avoit enlevé la Procédure sur laquelle étoient intervenus la Sentence de 1485, & l'Arrêt du Parlement de 1486.*

(19) Les motifs de ce nouveau cadastre sont remarquables: ils furent

Le 15 Avril de la même année, ils prirent du *Grand sceau* (20) des lettres de *rescision*(21) contre la transaction de 1531, & appellerent de nouveau à la Cour des Aydes de Montpellier, de la Sentence de 1485.

15 Avril 1555: Lettres de rescision que les Maire & Consuls prennent pour des Lettres-Patentes d'Henri II. contre la transaction de 1531.

De part & d'autre, le procès fut instruit avec la même activité; & ce ne fut qu'après la plus ample discussion des faits, sur le *vu de la Chartre de 933, de celle du* Vicomte de Beziers de l'*an 1203*, des *Sentences* de *1281* & *1485*, de l'*Arrêt* du Parlement de Toulouse de 1486, de la *transaction* de *1531*, des Ordonnances, Edits & Déclarations de nos Rois, rendues *en matiere de Tailles*, & autres Impositions du Languedoc; sur le *vu* des *Déclarations des Reformateurs* pour le Roi, concernant les Tailles; de *tous les cadastres* anciens & modernes, dont vingt-deux datés, & les autres sans date, dans aucun desquels les biens de St Pierre, n'ont jamais été compris; sur le *vu*, enfin, des libelles, défenses & productions respectives des Consuls & du Chapitre, que la Cour des Aydes de Montpellier rendit un premier Arrêt le 27 Juillet 1556.

---

pris & libellés, 1°. *De ce que les gens d'Eglise & autres, avoient depuis le dernier cadastre, rompu de leur propre autorité & mis en culture, plusieurs terres, hermes qui n'étoient comprises aux Livres des compoix.* 2°. *De ce que les Livres de cadastre étoient si vieux, que par succession de temps, on ne les pouvoit bonnement lire.* V. la vingt-deuxiéme piece du premier Dossier produit par les Maire & Consuls.

(20) Ce n'est que par Arrêt du Conseil de l'an 1574, que la Chancellerie a été établie auprès de la Cour des Aides de Montpellier. *Philippi* aux notes, p. 3.

(21) Les Maire & Consuls n'ont pas craint de faire valoir & de présenter au Conseil ces lettres simples, ces lettres de forme dans la procédure, ces lettres dressées par leurs prédecesseurs, comme des Lettres Patentes émanées du propre mouvement du Roi. Jamais on n'a fait parler le Souverain avec un pareil ton d'aigreur, ni en des termes aussi indécens que ceux qu'emploie la passion des Plaideurs qui viennent contre leur propre fait.

27 Juillet 1556. Arrêt contradictoire de la Cour des Aydes de Montpellier, qui déclare immunes, ou nobles les biens de l'Eglise Saint Pierre.

Cet Arrêt casse la transaction de 1531; mais il *déclare*, en même-temps, & en termes exprès, » *exempts de Tailles, deniers du Roi, & autres impositions*, (22) *les biens de St Pierre d'Apullo, sive de bosco*, moulins, resclause, *pécherie*, Bois, » prés, & ses appartenances. (23)

» Ordonne, à cet effet, que lesdits biens & pieces seront » rayés du compoix & cadastre de ladite Ville; soumet à la » Taille, d'autres biens & possessions du Chapitre désignés » dans la Sentence de 1485, & compris dans le cadastre de » 1513.

Il est évident que l'effet de la rescision de la transaction, ne portoit pas contre la nobilité des biens de St Pierre; puisque la Cour des Aydes les maintient dans leur présomption de droit. La récision n'eût sans doute lieu que pour quelque défaut de forme; mais cette forme n'emporta pas le fonds.

L'exécution de cet Arrêt fut commise à M. *Tremolet*, l'un des Juges de la même Cour: il se transporta sur les lieux, & raya en conséquence, les biens de St Pierre du compoix de 1555. Il procéda au compulsoire des titres du Chapitre, pris dans ses propres archives, & à une enquête, pour savoir quels étoient ses biens d'ancienne contribution, & dont les précédens possesseurs payoient la Taille: il nomma des Experts pour vérifier les terres & maisons du Chapitre, dont il fit regler les limites; ce fut en sa présense que fut fait le bodulement des biens de St Pierre, & que les bornes furent plantées, telles qu'elles existent aujourd'hui.

---

(22) *Immunes*, ou *Biens féodaux*; c'est la même chose, suivant les Déclarations sur la nobilité des fonds.

(23) Ce sont les mêmes termes de la Chartre de 933, qu'on trouve répetés dans la transaction de 1608.

Sur le rapport de sa procédure, après *divers plaidoyers*, *avertissemens* & *contredits* des Parties, la Cour des Aydes rendit un second Arrêt le 26 Février de la même année 1556, (24) par lequel, » sans avoir égard aux reproches fournis par le » Syndic du Chapitre, contre les témoins ouis en l'enquête » faite à la requête des Consuls, » cette Cour ordonne » que » le *Chapitre sera tenu quitte & exempt des deniers Royaux*, & » *autres impositions pour lesdits biens de St Pierre*, & autres » pieces, ainsi qu'elles sont désignées & confrontées dans lesdits » dits Arrêts; & que *les Consuls seront tenus de restituer au Cha-* » *pitre les deniers qui auront pu être par eux exigés*, pour *raison* » *de la* cottisation des susdits biens. (25)

26 Février 1556. Autre Arrêt contradictoire, qui déclare immunes & exempts des deniers royaux les biens de S. Pierre, sur le rapport du commissaire député sur les lieux pour l'exécution du précédent Arrêt.

Le Chapitre jouit paisiblement de l'exécution de ces Arrêts jusques en 1605; que les nouveaux Administrateurs de la Communauté de Beziers firent renaître la même contestation, sous prétexte de renouvellement du compoix. Ils n'ignoroient pas que les Calvinistes de Beziers en 1562, c'est-à-dire, quarante-trois ans auparavant avoient pillé, saccagé & brûlé l'Eglise & les archives du Chapitre. (26) La Cour des

1605. Nouveau compoix.

(24) L'année commençoit alors à Pâques.

(25) Ces deux Arrêts de 1556 furent rendus si solemnellement, que *Philippi* qui présidoit alors à la Cour des Aides de Montpellier, les rapporte dans son Recueil d'Arrêts de conséquence, art. 16, p. 16, pour attester que la Jurisprudence de cette Cour est de déclarer *quittes & immunes* tous les biens & fondations des Eglises Cathédrales & Paroissiales, & de déclarer *contribuables* ceux qui ont été acquis de *gens roturiers* qui étoient *encadastrés*, & qui payoient ci-devant la Taille. Il faut donc que cet Auteur célébre ait regardé la Chartre de 933 comme un titre de nobilité, & les biens de S. Pierre comme une partie de la dot du Chapitre; ils le sont en effet, puisque ce sont les premiers que le Chapitre ait possédés en son particulier. *Philippi* cite encore cet Arrêt, p. 231 sur l'Ordonnance de 1535.

(26) V. la onziéme piéce du premier Dossier produit par le Chapitre, contenant le détail de la sédition arrivée à Beziers le 3 Mai 1562

Aydes étoit alors presqu'entierement composée de Religionnaires qu'ils croyoient leur être favorables; ce fut le motif qui détermina le Roi à évoquer à son Conseil l'instance formée à ce sujet. (27)

18 Déc. 1606. Evocation au Conseil Privé.

Les principaux Habitans prirent connoissance. De tous les titres du Chapitre, rapportés ci-dessus; après les avoir examinés, ils en rendirent compte à la Communauté, & il fut passé une transaction entr'elle & le Chapitre, le 27 Novembre 1608, par laquelle » les Consuls & Habitans de » Beziers reconnoissent, en termes formels, la *nobilité des* » *biens de St Pierre*, ainsi qu'ils sont désignés & confrontés » dans les Arrêts de 1556; ensemble, de toute la contenance » de la terre & *alluvion incluse* dans les limites & bodules plan- » tées en 1556, par les Experts nommés par la Cour des Ay- » des, ainsi qu'il résulte de leur relation insérée dans la pro- » cédure du sieur Commissaire.

27 Nov. 1608. Transaction entre le Chapitre & la ville de Beziers, qui reconnoît la nobilité des biens de Saint Pierre.

» De laquelle quantité de *terre incluse* dans ledit *bodulement* » fait suivant les confrontations rapportées dans ledit Arrêt, » le Chapitre *jouira* désormais, & à l'avenir, *noblement*, *quitte*

(27) En 1606 (dit le Syndic, p. 107 de sa Requête) » le Chapitre » ne réclama point l'autorité ni l'immunité des Arrêts de 1556, parce » que les Ordonnances qui en avoient prononcé la nullité, étoient encore » trop récentes pour faire fonds sur cette ressource ». Le premier fait est démenti par l'exécution même des Arrêts de 1556, rapportés en entier dans la transaction de 1608. L'on voit dans cet acte que le Chapitre en a d'autant plus réclamé *l'autorité & l'immunité*, qu'ils lui ont servi de boulevard contre le compoix de 1605, & que conjointement avec la Chartre de 983, ils forment la base de cette transaction.

Le second fait sur les Ordonnances est un effet de son imagination. Depuis 1556 jusqu'en 1605, ni bien long-temps après, il n'y a eu aucune sorte d'Ordonnance rendue en matiere de Taille pour le Languedoc en général, ni en particulier, qui annulle les Arrêts de 1556. Le Chapitre défie le Syndic d'en citer une seule.

» *& immune de toute contribution* aux *Tailles*, *deniers du Roi*, » & *autres impositions* qui se feront dans ladite Ville.

Et à ces fins, que l'entiere contenance de ladite terre & » *alluvion incluses* & comprises dans lesdites limites, seront » rayées dudit compoix & cadastre. (28)

21 Janvier 1609. Délibération générale de la Ville & Communauté de Beziers, qui confirme la transaction du 27 Nov. 1608.

Une *délibération générale de la Communauté*, assemblée le 21 Janvier 1609, » confirme & autorise unanimement cette » *transaction* sur les conclusions des gens du Roi; elle enjoint » à son Greffier de l'enregistrer, arrête que les Consuls feront » rayer du compoix de 1605, les biens de St Pierre *reconnus* » *nobles par cette transaction*, en conséquence des *Arrêts de* » *1556*; & que les Consuls fourniront au Chapitre leur » procuration pour la faire autoriser par le Conseil privé, où » l'instance étoit pendante. (29)

---

(28) V. la Déclaration du Roi du 5 Avril 1712, *fol.* 58 du Recueil des Loix sur la nobilité des fonds. « Elle porte que les crêmens (allu- » vions) qui sont formés par les rivieres, ou qui le seront à l'avenir, » soit qu'ils soient joints aux Isles, ou à la Terre ferme, seront nobles » ou roturiers, suivant la qualité des Isles, ou de la Terre ferme à la- » quelle ils seront joints ». Les Isles des biens de S. Pierre ont été réunies à la Terre ferme par des crêmens & des atterrissemens; elles en ont augmenté la contenance: & c'est suivant les principes de droit, que la Communauté de Béziers a reconnu la nobilité de cet accessoire, comme celle du principal. V. les Observations sur leur Mémoire, ou Projet d'accommodement.

(29) Ne pouvant énerver la transaction, ni cette délibération générale qui la confirme, tous actes pleins de vigueur; dans ce désespoir les Maire & Consuls font mille suppositions pour en affoiblir la solidité. Ils font plus, ils en nient l'existence, sous prétexte qu'ils ne la trouvent pas dans leurs Registres; ce qu'ils prétendent prouver au moyen d'un certificat d'un de leurs suppôts. S'il étoit vrai que ces actes ne se trouvent point en effet dans leurs Registres; il faut qu'ils en aient été arrachés par quelque main infidelle. Mais il suffit au Chapitre de les rapporter en bonne forme. *In instrumentis præsumuntur omnia solemniter acta* §. *Si scriptum instit. de inut. stip.* D'ailleurs, les Maire & Consuls, par une con-

D'un côté, les biens de St Pierre furent rayés du compoix; & de l'autre, la transaction fut homologuée au Conseil par Arrêt contradictoire du 26 Avril 1610: c'est le sixiéme des Jugemens contradictoires qui ont toujours proscrits les préténtions injustes des Administrateurs de la Communauté de Beziers.

16 Août 1610. Arrêt contradictoire, qui homologue la transaction & la délibération ci-dessus.

SECTION IV.

Procédure à la Cour des Aydes de Montpellier, depuis 1733, jusques en 1756.

Sous la foi de cette chaîne, non interrompue de titres

---

tradiction qui heurte de front leur dénégation, produisent eux-mêmes ces actes, avec d'autres piéces qui en attestent la vérité & l'existence. La vingt-sixiéme de leur premiere production, qui est du 29 Avril 1608, prouve que la Communauté, pour concourir à l'accommodement, avoit nommé des Commissaires pour examiner ses différends avec le Chapitre.

La vingt-septiéme, du 25 Novembre de la même année, prouve que le Chapitre avoit fourni sa procuration pour transiger. La vingt-huitiéme, que la transaction fut passée en conséquence le 27 du même mois. La vingt-neuviéme, qu'elle a été autorisée & confirmée par la délibération du 21 Janvier suivant 1609. Et la vingt-cinquiéme, qu'en conséquence de cette délibération, les biens de S. Pierre furent rayés du compoix. Tel est le résultat des piéces produites par les Maire & Consuls sur les actes qu'ils nient. *Audiendus non est qui in libello suo contrarius est sibi ipsi. L. cum precibus cod. de lib. caus.*

Ils prétendent encore que le Chapitre n'a pas pu transiger en conséquence des Arrêts de 1556. Les loix & l'usage leur prouvent le contraire. Le Chapitre n'a pas traité contre leurs dispositions; mais il a transigé pour rétablir leur exécution & anéantir les infractions des Consuls. Ce n'est pas par de vaines déclamations qu'on détruit des actes publics, homologués par les oracles de la Justice. La transaction de 1608 ne contient qu'une suite de la soumission dûe aux titres du Chapitre; titres qui étoient des loix particulieres pour la Communauté de Béziers, & qu'elle étoit forcée d'exécuter, comme elle s'y étoit soumise, & comme elle l'avoit déja fait pendant plus de 40 ans.

authentiques, le Chapitre de Beziers a joui paisiblement de l'exemption attachée aux premiers biens qui ont fondé sa mense particuliere. Il la croyoit universellement assurée, lorsqu'en 1733, c'est-à-dire, cent vingt-trois ans après l'Arrêt du Conseil, qui mettoit le sceau au dernier procès, (1) les Maire & Consuls présenterent à la Cour des Aydes de Montpellier, une copie informe de la Chartre de 933, comme une *piece nouvellement recouvrée*, comme un *titre déclaratoire de roture* des biens de St Pierre, quoique *visée* dans toutes les Sentences, Arrêts, Transaction, & autres titres dont on a déja rendu compte.

28 Mai 1733. Arrêt sur Requête qui ordonne que les biens de S. Pierre contribueront à la taille & autres impositions, comme les autres biens roturiers.

Au mépris de ces actes publics, qu'ils ne pouvoient méconnoître, sans respect pour la chose jugée, ni pour les traités les plus solemnels faits par la Ville & la Communauté, ils surprirent de cette Cour, un Arrêt sur Requête le 28 Mai 1733, qui leur permet » d'additionner au compoix les biens » de St Pierre, & leur dépendances : ordonne, en outre, » que lesdits biens seront cottisés à toutes les impositions » ordinaires & extraordinaires, ainsi que les autres.

Cet Arrêt n'eût point de suite jusqu'en 1750, que la Communauté fit un traité avec le sieur Moureau Notaire, & son Greffier, le 5 Avril de la même année, par lequel, elle lui abandonna la cinquiéme partie des arrérages de Taille qu'il lui feroit rentrer, en attaquant les possesseurs des biens nobles. (2)

(1) Près de deux siécles après l'exécution constante des Arrêts de 1556.

(2) *Hinc prima mali labes.* Ce Traité odieux à tous égards, puisqu'il autorisoit un Notaire à susciter toutes sortes de Procès *ad nutum* aux Possesseurs des biens nobles, a été autorisé par M. *Monferrier*, Syndic

Le Chapitre fut le premier molesté. En 1751 le sieur Moureau se rendit à Montpellier, & présenta à la Cour des Aydes une Requête au nom des Maire & Consuls, à ce » que les » biens de St Pierre fussent déclarés définitivement roturiers, » & que le Chapitre fût condamné en vingt-neuf années » d'arrérages de Taille, avant l'instance.

24 Nov. 1751. Arrêt par défaut.

Arrêt par défaut, le 24 Novembre de la même année, conforme à ses desirs.

Le délai, pour y former opposition, expiré, le Chapitre fut obligé de se pourvoir par requête civile.

Les Maire & Consuls imaginerent de prendre la même voye contre les Arrêts contradictoires de l'année 1556. Pouvoit-on s'attendre que des Jugemens aussi solemnels, considérés & recueillis par les Auteurs les plus célébres, (3) comme des Loix positives, exécutés, acquiescés librement par toutes les parties, pendant deux siecles, pourroient être attaqués & anéantis sans piece nouvelle?

SECTION V.

Moyens de Requête civile des Maire & Consuls, contre les Arrêts de 1556.

Cette Requête civile roula sur trois moyens.

Par le *premier*, ils prétendirent que leur Communauté avoit été mal défendue.

---

de la Province; & l'exécution en a été ordonnée par la Cour des Aides de Montpellier, tandis qu'il eût été foudroyé par un Parlement, suivant les loix *perdiversas & ab anastasio cod. mandati vel contra.*

(3) V. Philippi, art. 16, p. 16, & sur l'Ordonnance de 1535.

Ils prirent le *fecond* de certaines nouvelles pieces qu'ils avoient annoncées, comme pieces juftificatives de la roture des biens de St Pierre.

Le *troifiéme* & dernier confiftoit en ce que les Arrêts de 1556 ne faifoient pas mention des conclufions des Gens du Roi.

Les deux premiers portoient à faux: le troifiéme étoit fans fondement, & contre les Loix les plus facrées de la chofe jugée.

Fauffeté du premier Moyen.

Elle réfulte du *vu* & du difpofitif des deux Arrêts de 1556: ils ne s'énoncent, ni l'un, ni l'autre, par défaut, ni par forclufion; mais bien dans la forme la plus contradictoire.

Le premier prononce à la réquifition des Confuls fur l'appel par eux interjetté de la Sentence de 1485, & fur les lettres de refcifion par eux prifes contre la tranfaction de 1531; *leurs libelles, écritures & conclufions; leurs lettres de refcifion; tous les cadaftres de la Communauté, au nombre de plus de trente; les Ordonnances, Edits & Déclarations fur* les Tailles, font *vifés* dans ce premier Arrêt.

Si l'on jette les yeux fur le fecond, on trouve qu'il y eft fait mention des *plaidoyers, avertiffemens & contredits des Parties; enfemble, des reproches fournis par le Chapitre contre les témoins ouis en l'enquête faite* à la requête de la Communauté devant le Commiffaire, & par eux foutenue. Les *plaidoyers; les contredits*, font difparoître toute idée de forclufion; & le vu de ces mêmes Arrêts fait évanouir ce premier moyen.

Illusion du second Moyen.

Les Maires & Consuls n'ont produit aucune piece nouvelle: la seule dont ils aient osé faire usage, est la Chartre de 933. Mais bien loin d'être nouvelle, ni justificative de roture, elle se trouve visée dans la Sentence de 1281; dans le premier Arrêt de 1556; dans la Transaction de 1608: on la trouveroit encore rapportée dans la Sentence de 1485, dans la Transaction de 1531, s'il plaisoit aux Consuls de les produire. La Chartre de 933 n'étoit donc pas une piece nouvelle, & moins encore un titre déclaratoire de roture; puisqu'elle avoit décidé de la nobilité & de l'immunité de St Pierre, dans tous les précédens Jugemens; la Cour des Aydes pouvoit si peu y avoir égard, que la Déclaration de 1707, & l'art. 8 de celle de 1713, ne permettent point aux Gens du Roi d'attaquer les Arrêts avec des pieces qui auront ci-devant été vues & jugées.

A l'égard d'une prétendue enquête, & d'un acte de 1298, ces pieces indignes de foi, sont si peu contraires à la nobilité des biens de St Pierre, qu'elles n'en font aucune mention, & que M. l'Avocat général de la Cour des Aydes, qui ne peut pas être soupçonné d'avoir voulu développer le droit du Chapitre, convient, *pag.* 2 de ses *conclusions imprimées*, » qu'elles n'inspirent aucune présomption favorable à la » roture; & ajoute que » les Maire & Consuls ne s'en tien» nent précisement qu'à la Chartre de 933, pour appuyer » leur prétention. « C'est jusqu'à ce point qu'on a porté l'aveuglement contre cette Chartre, pour ne plus voir ni suivre les principes, les loix, & la jurisprudence sur cette matiere.

Extinction du troisiéme Moyen.

De ce qu'il ne paroissoit pas dans les arrêts de 1556, que les Gens du Roi y eussent été ouis, M. l'Avocat général a élevé ce moyen pour y former opposition de son chef, & les renverser, deux siecles après leur exécution.

On a remarqué avec quelle regularité la Cour des Aydes avoit procédé en 1556, en ajoutant au résultat des titres respectifs des Parties, une vérification des lieux par Experts; une enquête composée de témoins administrés par la Communauté de Beziers; un compulsoire des titres du Chapitre, pris dans ses propres archives, & la fixation des limites des biens de St Piere: le tout fait en présence des Parties, devant un de ses membres, commis à cet effet. Pouvoit-on décider, avec une plus ample connoissance de cause, de l'exemption des biens de St Pierre?

Le cas que *Philippy* a fait de ces arrêts, en les rapportant dans son recueil d'arrêts de conséquence, pag. 16, atteste leur solemnité. Cet Auteur célébre présidoit alors à la Cour des Aydes.

On lit dans le *vu* de ces arrêts, que cette Cour avoit eu sous ses yeux, avant de les prononcer, les déclarations des réformateurs pour le Roi sur les Tailles; les Ordonnances, Edits & Déclarations de nos Rois sur la même matiere; l'avis du Commissaire qui s'étoit transporté sur les lieux: toutes ces précautions & ces ecclaircissemens équipoloient, s'ils ne valoient pas mieux qu'une formalité qui n'ajoute rien au fait, ni au droit des Parties.

D'un côté, le défaut de faire mention, il y a deux siecles, que les Gens du Roi avoient été entendus, n'étoit pas un moyen d'oppoſition de requête civile ; pour renverſer des monumens auſſi reſpectables que les arrêts de 1556.

D'autre part l'article 8 de la déclaration du Roi des 23 Septembre 1713 ordonne que les gens du Roi de la Cour des Aydes de Montpellier ne pourront attaquer les Arrêts & tranſactions avec des pieces qui ſe trouveront viſées dans ces mêmes Arrêts & Actes. Ils ne ſont autoriſés à ſe pourvoir dans les affaires domaniales qu'avec des pieces nouvelles & déclaratoire de roture. L'oppoſition de M. l'Avocat-Général étoit ſans fondement ; puiſque le défaut du miniſtère public en 1556 ne pouvoit point lui en fournir de prétexte ; C'eſt ce qui eſt entierement prouvé par les remarques ſur le §. 18. de la cinquiéme partie de l'examen du recueil des loix.

On trouve dans ce recueil, p. 2. f. 85. un certificat de M. le Procureur général du Parlement de Toulouſe & des Avocats les plus fameux de cette Cour, des 2. & 4. *Juin* 1734. atteſtant qu'avant l'Ordonnance de 1667, *l'uſage n'étoit pas de communiquer aux gens du Roi, dans les affaires concernant l'Égliſe & les Communautés, mais ſeulement celles où S. M. avoit un intérêt réel.*

Si, lors des Arrêts de 1556, les concluſions des gens du Roi euſſent été néceſſaires, le Rapporteur & la Cour des Aydes elle-même, ne les auroit point prononcés, avant que cette formalité n'eût été remplie. On peut ajouter que celle des parties qui les eût préſumées en ſa faveur, n'auroit pas manqué de les invoquer.

L'Ordonnance de 1667 n'accorde qu'un an aux Corps & Communautés pour ſe pourvoir conrre les Arrêts dont elles imaginent avoir quelque ſujet de ſe plaindre.

La déclaration de 1707. rompt en leur faveur cette diſpoſition ;

position, lorsqu'elles rapportent une piece nouvelle & justificative de roture des biens déclarés nobles par les Arrêts qu'elles attaquent ; mais, il faut, suivant l'article 8. de la déclaration de 1713. que ces pieces soient nouvelles, sans quoi, les Communautés retombent dans la disposition de l'Ordonnance de 1667. qui leur défend d'attaquer les Arrêts après le délai d'un an, à compter du jour de la signification.

Cette Ordonnance fixe les cas qui peuvent donner lieuà laRequête civile ; mais, elle prescrit aussi très-formellement qu'on ne pourra en user que dans le delai d'un an, par la raison que cette loi, ni aucune de celles qui l'ont précédée, n'ont aucune sorte d'effet retroactif. Le principe est certain : *Leges & constitutiones dant formam negotiis, & non ad facta præterita revocantur.* *

M. le Procureur Général ne fut jamais ni partie principale, ni partie conservatoire dans les Arrêts de 1556. Il y a plus, c'est que suivant l'usage & la pratique de la Cour des Aides, il n'étoit ni partie nécessaire, ni partie ministérielle. C'est donc le comble des abus ; c'est donc violer sans motif la stabilité des jugemens les plus respectables, & livrer la fortune des particuliers à toute sorte de vicissitudes ; que d'adopter son opposition à tous les Arrêts définitifs & contradictoires, rendus & exécutés depuis deux cens ans, sous prétexte qu'un étranger qui n'avoit aucun intérêt dans ces Arrêts, n'y a pas été oüi.

---

* *L. leges, cod. de legibus.*

SECTION VI.

Suite de la Procédure à la Cour des Aydes.

Il vient d'être démontré que les deux premiers moyens de requête civile des Consuls de Beziers portoient à faux, & que le troisiéme étoit une flêche contre les loix les plus suivies. C'est, cependant, celui que M. l'Avocat Général adopta. Sous le prétexte specieux de ce moyen, il forma opposition de son chef aux Arrêts de 1556. Elle fut reçue, & la Cour des Aydes, par son Arrêt du 5 Mai 1752, anéantit des monumens précieux, recueillis par *Philippi*, remit les patties au même état où elles étoient avant les Arrêts de 1556, & avant l'Arrêt par défaut du 24 Novembre 1751. Par une irrégularité marquée, elle confondit le rescindant avec le rescisoire, en ordonnant l'entiere exécution de l'Arrêt sur la Requête de 1733, qui soumettoit à la taille les biens de Saint-Pierre. (1)

5 Mai 1752. Arret qui admet la requête civile des Consuls, & qui ordonne l'exécution de celui de 1733.

Ce n'est pas tout, le même Arrêt condamnoit le Chapitre à payer entre les mains du Trésorier de la bourse de la Province la taille des biens de S. Pierre depuis la cottisation qui en avoit été faite en 1733.

Peu de jours après, & sans aucune liquidation préalable, les Maire & Consuls firent signifier un Arrêt au Chapitre avec commandement de leur payer 51055 liv. 3. s. 8. d.

---

(1) Cet Arrêt ordonne que les *biens de S. Pierre seront additionnés au compoix, comme roturiers, & cottisés pour toutes sortes d'impositions.* Le Jugement du fonds ne peut pas en dire davantage.

pour les prétendus arrérages de taille des biens de S. Pierre, depuis 1733. jusques & inclusivement à l'année 1751.

Avec cette sécurité qu'inspire le droit & la bonne foi, le Chapitre certain que les Maire & Consuls ne pourroient rapporter aucune piece nouvelle & déclaratoire de roture; dans l'idée que la Cour des Aydes lui rendroit justice par un Arrêt définitif; il demanda incidemment, pour ne pas payer provisoirement plus de taille que les biens de S. Pierre n'avoient de valeur, d'être reçû appellant de la cotisation qui en avoit été faite par les Maire & Consuls, à son insçu, & sans observer aucune formalité; il conclut par le même Libelle, sans se départir de son droit au fond, à ce que *les biens de S. Pierre fussent déclarés définitivement nobles* & exempts de taille *& autres impositions* : il forma en outre *opposition à l'exécution de l'Arrêt du 5 Mai 1752. comme contraire aux Edits & Declarations du Roi.*

Les Maire & Consuls de leur côté se défendirent vivement, & au lieu de la somme de 51055. liv. 3 s. 8 d. à laquelle ils avoient fixé les prétendus arrérages; ils la porterent à 211077. liv. seulement. Variations des Consuls sur leurs prétentions des arrérages des tailles.

Arrêt sur cet incident le 11 Juillet de la même année qui ordonne qu'en jugeant le principal des contestations, il sera pourvu tant sur les fins de non recevoir des Maire & Consuls, que sur la demande en cassation de la cottisation & payement des tailles depuis 1733, toutes choses demeurant en *l'état*, sans préjudice du payement provisoire des tailles, depuis l'allivrement du 16 Janvier 1752. 11 Juillet 1752. Arrêt qui renvoye au fonds l'opposition formée par le Chapitre à l'Arrêt du 5 Mai précedent.

Cet Arrêt sembloit promettre au Chapitre une justice telle que sa cause l'exigeoit; il détruisoit en effet partie des dispositions de celui du 5 Mai de la même année, quoique contradictoire.

Les choses remises au même état qu'elles étoient avant 1556, on croiroit que la Cour des Aydes a procédé sur les anciens erremens; c'est-à-dire sur l'appel de la Sentence de 1485, sur les lettres de récision de la transaction de 1531 qui avoient donné lieu aux Arrêts de 1556. Point du tout, il n'en a pas été question. Les Maire & Consuls n'ont produit aucune de ces pieces. Ils n'auroient pas trouvé leur compte à suivre les anciens erremens.

M. l'Avocat Général qui avoit été reçu opposant de son chef à ces Arrêts célébres, sous prétexte qu'il ne paroissoit pas que les gens du Roi eussent été oüis, n'a pas été oüi lui-meme sur les objets qui y avoient donné lieu. Ces irrégularités frapantes n'ont pas échapé aux lumieres du Conseil.

En suivant les anciens erremens, la sentence de 1485 se trouvoit inattaquable par l'appel : elle étoit confirmée par un Arrêt du Parlement de 1486, dans un tems où la Cour des Aydes lui étoit réunie. Un verbal du Commissaire du Roi en ordonnoit l'exécution en 1554. Près de trois siecles étoient plus que suffisant pour acquérir la force de la chose jugée (2) sur des titres décisifs. La transaction de 1531 ne pouvoit servir d'aucune considération, relativement aux biens de Saint Pierre ; puisque l'Arrêt qui la cassoit, maintenoit le Chapitre dans la nobilité de ces mêmes biens ; il y avoit plus, c'est qu'outre ces obstacles, il eût fallu extirper encore la transaction de 1608, la délibération générale de 1609, &

(2) *L'art. 5 du tit. 27 de l'Ordonnance de 1667*, porte que les *Sentences & Jugemens* qui doivent passer en force de chose jugée, sont ceux rendus en dernier ressort, & dont l'appel n'est point recevable, soit que les Parties y ayent formellement acquiescé, ou que l'appel ait péri.

annuller l'Arrêt du Conseil de 1610 qui homologue tous ces actes passés en exécution des Jugemens de 1281, 1485 & 1486, & sur une instance liée au Conseil d'Etat.

Ce rempart de droits & de titres, n'ont cependant pas été assez forts pour empêcher la Cour des Aydes d'écraser le Chapitre.

„ Par son Arrêt définitif du 23 Décembre 1755 (3) sur la „ demande du Chapitre en rejection de l'Enquête de 1296, de „ 1298, & d'un acte de la même année, tenant la remise *des ori-* „ *ginaux & desdits actes*, elle met les parties hors de cour „ & de procès. 23 Décembre 1755. Arrêt définitif.

„ Sans avoir égard aux Requêtes du Chapitre, ni à ses de- „ mandes, le déboute de son appel du compésiement de „ 1733.

„ Déclare les biens & domaines de S. Pierre de *Bosco* ou „ *d'Appullo* définitivement roturiers.

„ Ordonne que comme tels, ils contrribueront à toutes „ les impositions ordinaires & extrordinaires.

„ Sans avoir égard à la demande du Chapitre en rejection „ du compésiement fait en 1555. le condamne aux arrérages „ des tailles desdits biens depuis 29 ans avant l'introduction

(3) Cet Arrêt a été rendu sur les conclusions de M. Duché, Avocat général, qui avoit formé opposition de son chef à ceux de 1556. Ses conclusions raisonnées & imprimées dès le 26 Avril 1755, sept mois avant l'Arrêt définitif, ont été distribuées avec une affectation singuliere dans Montpellier & dans toute la Province. Un ouvrage qui a fait tant de bien a dû être connu du Conseil; c'est pourquoi le Chapitre en a joint un exemplaire à sa Requête en cassation; & ce n'est qu'après en avoir pesé tous les raisonnemens, que la grande Direction s'est déterminée sur la valeur des titres du Chapitre, & par les contraventions aux Ordonnances, à casser l'Arrêt définitif, ceux qui l'ont précédé, & tout ce qui s'en est suivi.

„ de l'inſtance commencée le 9 Septembre 1751 ſuivant la „ liquidation qui en ſera faite ſur l'état que les Conſuls „ en donneront.

„ Sur la demande en caſſation de la cottiſation faite „ en exécution de l'Arrêt du 28 Mai 1733, & le ſurplus „ des demandes des parties *hors de Cour.*

„ Condamne le Chapitre aux dépens.

Les frais du rapport de cet Arrêt ne ſont fixés qu'à 5541 liv. 1 ſ. 4 d., quoique les matieres qui ſont attribuées à cette Cour, doivent être traitées ſommairement & ſans frais ſuivant *Phillipi* ſur ſon établiſſement en 1437.

24 Mai 1756. Arrêt par défaut qui liquide les arrérages, & accorde 25968 l. 11 ſ. 8 d. au Greffier Moureau, pour avoir ſuſcité cette affaire au Chapitre.

Dans l'origine de ce procès, les arrérages ont été le principal objet de ceux qui l'ont entrepris. Le 24 Mai 1756 les Maire & Conſuls obtinrent un Arrêt par défaut, qui ſur l'état par eux fourni, liquide les 29 années d'arrérages à la ſomme de 129842 liv. 18 ſ. 2 d., tandis qu'en traitant le Chapitre avec cette équité qu'on doit traiter tous les contribuables, il eſt démontré que ces arrérages ne devroient pas ſe porter à plus de 29000. liv. Pour couronner l'œuvre du ſieur de *Moureau*, la Cour des Aydes ordonne par le même Arrêt qu'il lui ſera remis 4 ſ. pour liv. d'arrérages, la cinquième partie, ou pour mieux dire, 25968 liv. 11 ſ. 8 d. en conſéquence de ſon pacte litigieux du 5 Avril 1752.

3 Juin 1756. Commandement & ſaiſie.

Le 3 Juin 1756. Commandement au Chapitre de payer cette ſomme énorme de 129842. liv. à peine de ſaiſie. L'effet ſuivit de près les menaces. Ils jetterent de ſuite un déluge de ſaiſies ſur tous les revenus du Chapitre. Cette oppreſſion ſans exemple, pouvoit-elle avoir ſon cours?

SECTION VII.

Procedure au Conſeil.

Il n'y a point d'Etat au monde où le ſujet lézé par un Jugement ne puiſſe par quelque voie en porter ſa plainte au ſouverain. (1)

Le Chapitre de Beziers s'eſt pourvu au Conſeil de S. M. en caſſation de tous ſes Arrêts accablans. Sa demande étoit ſi légitime, que par arrêt du 10 Août 1756, ſa Requête fut renvoyée à la grande direction „ & cependant par provi- „ ſion, ſans préjudice du droit des Parties au principal, „ *S. M. lui accorda la main levée de toutes les ſaiſies & oppoſi-* „ *tions faites & à faire.* — 10 Août 1756. Arrêt de main-levée proviſoire.

Il eſt vrai que les Maire & Conſuls formerent oppoſition à cet arrêt, quant à la *main levée*, ſeulement, parce que la demande en caſſation n'étoit pas encore décidée.

Pour la forme, il fut rendu un arrêt le 7 Décembre ſuivant, qui en les recevant oppoſans, quant à la main levée, renvoya le Chapitre à ſe pourvoir de nouveau ſur ladite main levée à la *grande direction*, pour y être ſtatué conjointement avec la demande en caſſation. — 7 Décembre 1756. Arrêt qui n'a jamais eu d'exécution.

La juſtice de la main levée au fonds, étoit ſi ſenſible, que le Miniſtre, qui ſigna cet arrêt, défendit de le délivrer juſqu'après le jugement de la caſſation. (2)

---

(1) J. J. Rouſſeau, Lettre huitiéme.

(2) Cet Arrêt fut envoyé aux Archives du Conſeil, avec défenſes au Greffier d'en délivrer aucune expédition. Ce n'eſt que long-temps après

Le partage des arrérages animoit les intéressés ; n'ayant pu tirer de ce dernier arrêt tout l'avantage qu'ils s'en étoient promis ; ils firent, sous le nom du Collecteur de ces impositions, assigner le Chapitre devant le Sénéchal pour le faire condamner, en vertu des arrêts attaqués, à lui payer la taille des biens de S. Pierre ; le Sénéchal refusa prudemment d'accueillir sa demande : mais, certains de leur succès à la Cour des Aydes, les Maire & Consuls y porterent cette cause par appel ; nonobstant l'Arrêt de main levée, le Chapitre fut condamné par arrêt du 5 Juillet 1757, à payer dans la huitaine la taille aux Collecteurs.

7 Juillet 1757. Arrêt de la Cour des Aydes qui, par une suite de ses autres, condamne le Chapitre à payer la taille des biens de Saint Pierre.

Les démarches du Chapitre au Conseil, n'ont été ni secretes, ni précipitées. Ses moyens de cassation ont été signifiés aux Maire & Consuls, lors de l'arrêt de main levée, au mois de Septembre 1756. Ils ont eu cet intervalle pour les combattre depuis jusqu'au 24 Avril 1758, que les arrêts de la Cour des Aydes ont été cassés. Aussi ont-ils tout mis en œuvre pour faire échouer la demande du Chapitre.

Le Conseil a eu sous ses yeux les différens mémoires qu'ils ont fait distribuer à MM. les Commissaires. Celui qui a été remis à M. le Rapporteur avec différentes pieces par Me Rolland, leur Avocat ; les conclusions imprimées de M. l'Avocat Général, l'extrait de M. de Saint-Aurans, Rapporteur au Conseil. Ce sont des faits, dont la preuve réside au Conseil même.

---

la mort du Greffier qui avoit reçu ces ordres, que les Maire & Consuls s'en sont procuré une copie. Mais la cassation alors étoit prononcée, & toutes les saisies avoient été annullées. Preuve de la justesse du coup d'œil du Ministre qui avoit défendu d'expédier cet Arrêt.

Feu

Feu M. *d'Aguesseau*, alors Président du Bureau où étoit examinée cette affaire, honoroit de ses bontés M. Joubert, Syndic de la Province. Il reçut toutes les instructions & mémoires qu'il plût à ce Syndic de lui présenter avec les sollicitations les plus séduisantes ; mais, il ne réussit pas mieux à lui faire adopter ses principes systématiques, qu'à empêcher le Conseil du Clergé en 1760, de faire connoître à l'assemblée générale l'intérêt qu'elle avoit à venir à l'appui de la cause du Chapitre ; toutes ses peroraisons furent infructueuses.

Rien ne fut enfin négligé de la part du Syndic, ni de celle des Maire & Consuls : cela est si vrai qu'il seroit aisé de leur prouver que dans l'instruction de leur opposition, ils n'ont fait que répéter les mêmes raisonnemens qu'ils avoient employés pour le débouté de la cassation, & que plus ils ont été ardens dans l'apologie qu'ils ont fait des arrêts de la Cour des Aydes ; plus ils en ont découvert les irrégularités qu'ils renferment. (3)

---

(3) Nonobstant des faits aussi facilement prouvés, le Syndic veut bien les oublier, pour dire dans sa Requête, p. 68, que l'Arrêt du Conseil du 24 Avril, qui casse, a été surpris. Ses démarches, ses sollicitations, les conférences du Rapporteur à la Cour des Aides avec M. de Fargès Maître des Requêtes, les Mémoires qu'il donna lui-même à M. d'Aguesseau & aux Commissaires, eussent sans doute été suffisans pour éviter la surprise, si le Chapitre n'eût été bien & légitimement fondé dans sa demande ; mais le Syndic rappelle à sa mémoire, p. 86, *ibid.* que c'est sur l'avis du Rapporteur à la Cour des Aides, & sur le Vu des conclusions des Gens du Roi de cette Cour, que l'Arrêt de cassation a été rendu : ce qu'il y a de singulier, c'est la conséquence qu'il tire de son aveu. Il ne veut pas que l'affaire jugée à Montpellier soit la même que celle dont il s'agit ici au Conseil, ni que les conclusions imprimées de M. l'Avocat général, & rendues publiques avec la plus grande affectation, aient pu être jointes à la Requête en cassation, ni enfin que ces mêmes conclusions contiennent les véritables motifs de la Cour des Aides. Le Syndic ajoute que la Requête en ampliation des moyens du Cha-

Après l'examen le plus sérieux & le plus profond, tant de toutes les pieces produites par le Chapitre à la Cour des Aydes, & non contestées, que de celles remises par les Maire & Consuls; sur le vû des conclusions imprimées des Gens du Roi de la Cour des Aydes, il fut rendu un arrêt par le Conseil de la grande direction *le 24 Avril 1758.* „ *qui casse & annulle ceux* „ *de la Cour des Aydes de Montpellier des 28 Mai 1733. & 5* „ *Mai 1752*, en ce qu'il avoit ordonné l'exécution de celui „ de 1733 & par provision le payement des tailles.

24 Avril 1758. Arrêt du Conseil [de] la grande Direc[ti]on qui casse ceux [d]e la Cour des Ay[d]es de Montpellier.

„ *Cassé & annulle pareillement les arrêts de ladite Cour des 23* „ *Décembre 1755. & 28 Mai 1756. Les saisies, arrêts faits* „ *en conséquence, & tout ce qui s'en est suivi.*

„ Ce faisant, S. M. évoque à soi & à son Conseil les appels & demandes, sur lesquels, lesdits arrêts sont inter- „ venus; (4) &, pour y faire droit, ordonne que les

---

pitre a déterminé la cassation. Le Chapitre n'a jamais eu, malheureusement pour lui, d'autre affaire à la Cour des Aides, ni au Conseil, que celle-ci. Le faux du raisonnement du Syndic est trop matériel pour répondre autre chose. A l'égard de la Requête en ampliation, elle ne contient qu'une induction des mêmes piéces que le Syndic & les Maire & Consuls avoient remises à MM. les Commissaires. Si c'est ce qui a déterminé la cassation, le Chapitre leur en a donc toute l'obligation.

(4) Cette évocation est fort désapprouvée par le Syndic, p. 104; mais il n'est, ni Magistrat, ni Praticien qui ne lui atteste qu'en matiere de cassation, lorsque les Cours ont jugé définitivement, & que leurs Jugemens sont cassés, l'usage du Conseil est d'évoquer, de retenir, ou de renvoyer à une autre Cour. Cette évocation de droit est bien différente de celle dont parle l'Ordonnance de 1737. Les exemples que le Syndic rapporte pour tâcher de la faire révoquer (p. 105) sont sans aucune application à l'espéce présente. L'évocation demandée en 1699, pour le Chapitre de S. Ruff. ne pouvoit pas avoir lieu, par ce que les contestations étoient ouvertes, liées & suivies à la Cour des Aides qu'il eût fallu dépouiller; au lieu que dans cette espéce la Cour des Aides a prononcé définitivement, & n'a plus rien à décider. L'évo-

„ Parties précéderont, en ſon Conſeil ; en la forme portée „ par le réglement.

Il ne doit plus être queſtion de relever ici tous les actes judiciaires, de proteſtation & d'indécence dont le Chapitre fut accablé à la ſignification de cet arrêt.

Le 15 Janvier 1759 les Maire & Conſuls y formerent oppoſition, & ils conclurent à ce qu'il plût à Sa Majeſté „ d'ordonner l'exécution des *arréts caſſés* ; ils demanderent „ des dommages & intérêts de ce que le Conſeil les a proſ- „ crits : „ c'eſt exactement le reſcindant.

15 Janvier 1759. Oppoſition des Conſuls.

C'eſt l'inſtance qui pend actuellement à juger, & qu'ils ont deux fois haſardé de faire décider par un incident, en demandant le payement proviſoire des tailles, premierement à la grande direction au rapport de M. *de Pont*, ſecondement au Conſeil Royal des Finances ; mais, en liſant le diſpoſitif de

---

cation demandée par le Chapitre de Caſſan en 1731, étoit encore moins fondée que l'autre, puiſqu'il avoit acquieſcé à tous les Arrêts rendus par la Cour des Aides. Du reſte Caſſan ne demandoit pas une évocation, mais un ſurſis ſeulement. Celle du Chapitre de Béziers en 1751 non plus, parce qu'elle n'étoit qu'une ſuite de celle de 1606, dont les motifs étoient pris de ce que la Cour des Aides n'étoit alors compoſée que de Religionnaires ; motif qui n'exiſtoit plus depuis la révocation de l'Edit de Nantes. Toutes ces demandes en évocation étoient de grace ; celle-ci eſt de droit. L'illuſion du Syndic ſur cette évocation va juſqu'à l'impudence, p. 68, 104, 105 & 106, en diſant que le Conſeil ne ſera pas en état de juger le fonds de cette affaire. Il ſuppoſe qu'il ne connoît pas les loix ſur la nobilité des biens-fonds, & qu'il n'y a que lui & la Cour des Aides en état d'en juger. Il prétend, dans ſa Requête en intervention, que l'Arrêt qui caſſe ceux de la Cour des Aides, eſt nul, parce que le Conſeil ne lui a pas demandé la permiſſion de le caſſer, & qu'en conſéquence le Conſeil a contrevenu à toutes les loix. Des propos auſſi peu meſurés ne méritent point de réponſe ; on ſe contente de lui demander d'où émanent les Ordonnances, Edits, Déclarations & Réglemens ſur cette matiere. Où eſt-ce qu'elles ſont digeſtibles ? Et quelle en eſt la ſource ? *Rex habet.*

l'arrêt du Conseil du 24 Avril 1758, qui casse les arrêts de 1733 & de 1752, en ce qu'ils *avoient ordonné ce payement provisoire*, on ne peut qu'être indigné d'une pareille tentative. (5)

19 Novembre 1759. Arrêt d'intervention du Syndic de la Province.

Le sieur *Vidal de Montferrier*, Syndic de la Province, qui a le département de Beziers, est venu à leur secours, & est intervenu le 19 Novembre 1759, dans cette instance sur le rescindant, quoiqu'il n'eût jamais été dans le cas d'intervenir dans le rescisoire, dont il avoit autorisé l'introduction, & dont il avoit si vivement sollicité le succès.

9 Septembre 1760. Arrêt d'intervention du Clergé.

L'assemblée générale du Clergé en 1760, instruite de l'oppression que ce Syndic se proposoit contre le Chapitre, fit examiner par son conseil les objets qui donneient lieu à leurs contestations, & sur le rapport qui lui en fut fait, la légitimité de sa cause ayant été solemnellement reconnue, l'assemblée générale délibéra d'intervenir pour s'opposer au renversement des loix, & faire maintenir le Clergé dans le privilége de ne payer qu'une seule imposition sur ses biens précaires, quelque forte qu'elle puisse être. Son intervention fut reçue par arrêt du 9 Septembre de la même année.

1 Février 1762. Arrêt du Conseil qui condamne les Maire & Consuls sur la fouille des archives du Chapitre.

L'instance a été instruite à la grande direction depuis le 15 Janvier 1759. Les Maire & Consuls y ont formé plusieurs incidens : le premier, sur la demande provisoire des tailles, fut abandonné, tant il étoit mal fondé. Le 2e consistoit en des lettres qu'ils avoient prises du grand sceau le 16 Décembre 1760, pour qu'il leur fût permis d'aller fouiller à discrétion & sans motif dans les archives du Chapitre. Après un combat de quelques Requêtes, il fut rendu un arrêt le premier Février 1762, ,, *qui ordonne le rapport des lettres du grand sceau*

(5) V. les consultations sur ce provisoire.

„ *comme obreptices & subreptices*, *& qui condamne les Maire &*
„ *Consuls aux dépens de l'incident.* (6)

Autant le Chapitre a désiré de parvenir à un jugement définitif, autant les Maire & Consuls ont fait leurs efforts pour l'éloigner. * On ne peut plus se dissimuler que leur premier objet a été de se soustraire aux lumieres trop pénétrantes du Conseil de la grande direction, & de le dépouiller de cette affaire.

Un Tribunal aussi nombreux & aussi bien composé ne peut être que redoutable pour ceux qui ne soutiennent les causes que par l'autorité & la protection des Puissances de la Province, qu'ils ont eu le talent de séduire.

Tous les efforts du Syndic & des Maire & Consuls ont été inutiles sous le Ministère de MM. *Moras*, *Silhouette & Bertin*; les mémoires qu'ils donnoient en évocation de cette affaire de la grande Direction au Conseil Royal, étoient renvoyés au Bureau où cette affaire devoit être traitée; & ce fut toujours

---

(6) Quoique le Conseil ait condamné la prétention singuliere des Maire & Consuls; le Syndic, p. 108, ne craint pas de reprocher au Chapitre de s'y être opposé : il ajoute que le Chapitre refuse de lui donner des *éclaircissemens* qu'il est en droit de lui demander. Ce ton d'autorité lui convient si peu, qu'il sçait qu'il est subordonné à tous les Etats de la Province; & à plus forte raison au premier. Il n'a jusqu'ici fixé aucun de ces éclaircissemens; & il n'ignore pas, puisqu'il a pris les Dossiers du Chapitre en communication pendant trois ans & plus, que ses Archives furent brûlées en 1562, par les Religionnaires de Béziers, c'est-à-dire six ans après les Arrêts de 1556. Au surplus le Chapitre n'a joint à sa Requête en cassation que les mêmes piéces qu'il avoit produites à la Cour des Aides; & c'est sur ces mêmes piéces que le Conseil a prononcé. La curiosité du Syndic est aussi vaine & vague que celle des Maire & Consuls a mérité l'animadversion du Conseil.

* Le Syndic a constamment fait signifier tous les ans un Arrêt de surséance au mois de Novembre, qui rompt toutes les poursuites pendant trois mois au moins.

par des principes de sagesse & de justice, que sur le compte vrai & exact qui en étoit rendu à ces Ministres, qu'ils ont tous constamment répondu que le Conseil de la grande Direction ayant décidé de la cassation, il étoit juste & régulier que le même Tribunal jugeât l'opposition formée à son propre arrêt ; la connoissance lui en ayant été attribuée par deux arrêts du Conseil Royal, dont le dernier étoit même contradictoire.

Sous M. *Laverdy*, ils ont trouvé le moyen de mettre à l'écart les règles & l'examen de leur demande : au lieu de renvoyer leur mémoire au *Rapporteur de l'Instance*, ou au Bureau de M. *d'Ormesson*, qui a le département de cette matière, ou au Bureau de M. *de Villiers*, qui a celui des affaires contentieuses, ils l'ont fait remettre à M. Mesnard de Conichard, premier Commis qui a le département des Etats de Languedoc, lié d'amitié par sa correspondance avec le Syndic, l'une des Parties violentes du Chapitre.

16 Octobre 1767. Arrêt d'évocation au Conseil Royal.

Leur demande en évocation ne souffrit pas la plus légère difficulté : sans avoir jamais eu les dossiers de l'instance sous les yeux, sans avoir aucune notion de cette affaire, il sortit de ce Bureau un arrêt du propre mouvement le 16 Octobre 1767, qui évoque de la grande Direction ce rescindant. Cette instance en opposition, pour être jugée au Conseil Royal au rapport de M. Laverdy ; cet arrêt a été signifié au Chapitre à la requête des Consuls.

12 Avril 1768. Arrêt qui ordonne les motifs des Arrêts cassés.

Il a été encore rendu un autre arrêt le 12 Avril 1768, qui ordonne à la Cour des Aydes d'envoyer les motifs de ses arrêts que le Conseil a cassés depuis dix ans, (le 24 Avril 1758). C'est sans exemple.

Mai 1768. Lettre à M. l'Intendant pour donner son avis.

Au mois de Mai 1768 il est parti du même Bureau une lettre signée de M. Laverdy à M. l'Intendant de Languedoc, par laquelle il lui demande ſon avis ſur cette Inſtance ; il lui envoya en même-temps toutes les piéces & requêtes des parties. Ce ſera un avis ſur des arrêts caſſés donné par un Magiſtrat qui n'a pas été juge, & qui a ſollicité contre le Chapitre, comme Protecteur des Communautés, tant à la Cour des Aydes qu'au Conſeil : lorſque ce Magiſtrat aura examiné cette affaire, il reconnoîtra certainement l'injuſtice des prétentions de la Ville de Béziers.

Enfin les Maire & Conſuls ſe ſont ſi bien perſuadés qu'ils n'ont qu'à demander pour obtenir, qu'ils ont formé un incident pour avoir un arrêt qui ordonne l'exécution proviſoire des arrêts caſſés, & qu'en conſéquence le Chapitre de Béziers ſoit tenu à une conſignation de plus de 50000 liv.

Mais le Miniſtre juſte & éclairé par les principes du droit & des règles, s'eſt apperçu du piége qu'on lui tendoit ; il y a même lieu d'eſpérer que, pénétré de l'importance de cette affaire, il ne permettra pas qu'elle ſoit traitée ſuperficiellement par des gens qui ne doutent de rien, & qu'il la rendra à la Grande Direction, devant les mêmes Juges qui ont rendu l'arrêt de caſſation qui donne lieu à cette inſtance, pour y être diſcutée, traitée & jugée avec toute la ſolemnité qu'elle exige.

SECTION VIII.

Fins de non-recevoir des Maire & Conſuls & du Syndic.

Ils élevent la première d'un prétendu acquieſcement qu'ils veulent que le Chapitre ait donné aux arrêts des 28 Mai 1733 & 5 Mai 1752. 1°. Par le payement proviſoire qu'il a été contraint de faire de la taille des biens de Saint-Pierre PREMIERE.

pendant l'instance à la Cour des Aydes de Montpellier. 2°. Par l'appel qu'il avoit interjetté du compesiement des mêmes biens, en demandant qu'il fût par provision procédé à un autre, & en insistant dans le même libelle sur la déclaration de nobilité des biens de Saint-Pierre.

Les dispositions de l'arrêt surpris sur requête en 1733 étoient regardées comme décidant du fonds, autant que le Chapitre n'y formeroit point opposition. Ce ne fut que le 24 Mai 1752, & après l'arrêt du 5 Mai de la même année qui ordonnoit l'exécution de celui de 1733, que le Chapitre forma opposition à l'un & à l'autre ; ils furent suspendus en effet, par l'arrêt du 11 Juillet, qui renvoya au fonds le Jugement de l'opposition du Chapitre. Les principes que le Syndic donne sur ce provisoire dans sa Requête pag. 74, 75, 76, pulvérisent cette première fin de non-recevoir.

La Déclaration du Roi du 28 Février 1708 » ordonne » qu'aucun particulier condamné pour de semblables arréra» ges, ne soit reçu à débattre la cotisation, ni à demander » le nouveau compesiement qu'après avoir payé sa quotité.

Celle du 23 Février 1721, porte la même disposition & ajoute que » les sommes que le particulier payera provisoi» rement, demeureront consignées jusqu'à fin de cause, entre » les mains du Trésorier de la Bourse, pour être délivrées » à qui il sera ordonné par l'arrêt définitif (1).

Quelques injustes que fussent les arrêts de 1733 & 5 Mai 1752, le Chapitre ne pouvoit donc proposer pour sa défense que son opposition. Il ne pouvoit non plus être reçu à débattre la cotisation faite en exécution de l'arrêt de 1733, quoi-

(1) V. la Déclaration du Roi du 7 Septembre 1666, & l'Arrêt du Conseil du 29 Novembre 1707, qni l'ordonnent de même.

qu'elle

qu'elle excédât de trois quarts la juſte valeur des biens de Saint-Pierre, ni faire procéder à un nouveau compéſiement, ſans conſigner proviſoirement la taille de l'année 1752. Tels furent les motifs pour leſquels, il fut ſoumis forcément à ce payement proviſoire; ce fut alors qu'il appella du premier compéſiement exceſſif, & qu'il pourſuivit un arrêt pour faire procéder à un autre, dans l'objet de ſe procurer la diminution des trois quarts de la taille proviſoire.

Les Maire & Conſuls racontent ſi différemment les circonſtances de cet appel, qu'ils diſſimulent que preſſant vivement le Chapitre de payer une cottiſation auſſi énormément exagérée, le Chapitre demanda le nouveau compéſiement, ſous ſes réſerves & proteſtations, & ſans préjudicier à la demande qu'il avoit formée en maintenue de la nobilité de ſes biens.

Il n'y a pas de pudeur à ſuppoſer un acquieſcement, ſous prétexte de ce nouvel allivrement; tandis que le Chapirre demande conſtamment à être maintenu dans ſes exemptions; tandis que ſon oppoſition aux arrêts proviſoires eſt jointe au fonds. Qui dit *acquieſcer*, dit ſe ſoumettre volontairement ſans reſtriction, réſerve ni proteſtation: mais ici, il y a plus que de réſerve & proteſtation. Il y a une oppoſition admiſe, qui jointe aux principes de la Déclaration de 1708 & 1721, reconnus par le Syndic, ont conſervé en entier le droit du Chapitre (2).

Si ce prétendu acquieſcement eût pû avoir quelque conſiſtance à la Cour des Aydes, où les Maire & Conſuls jouiſ-

(2) *Quæ redduntur in invitos, hiſque neceſſariis obſequendum. L. ſub ſpecie cod. de re judicatâ.*

ſent de la faveur la plus marquée ; ils n'auroient pas manqué de l'oppoſer au Chapitre, comme une exception préliminaire, pour l'empêcher d'entrer dans le mérite du fonds. Or n'ayant pas oſé la propoſer à cette Cour, qui l'eût rejettée ; eſt-il plus décent d'en occuper le Tribunal ſuprême du Conſeil.

Suivant l'atteſtation du Syndic, l'exécution proviſoire eſt forcée ; elle n'opére par conſéquent aucun acquieſcement au fonds ; voici comme il s'exprime » la demande du *nouvel* » *allivrement eſt permiſe ; l'allivrement proviſoire ne préjuge* » *rien au fonds*. L'arrêt en permiſſion d'allivrer ne peut pas » être oppoſé aux poſſeſſeurs des biens nobles.... Le proviſoire & le fonds noble n'ont rien de commun (1)...... Avoir des idées contraires, ce ſeroit ſe refuſer aux principes & à la déciſion textuelle des Déclarations de 1708 & 1721.

Le Chapitre fondé ſur ſes titres, avoit tout lieu d'eſpérer d'après l'arrêt du 11 Juillet 1752, qu'il ne ſeroit jamais condamné au fonds à réaliſer la taille proviſoire. Tous ces libelles ſont une réclamation contre la ſurpriſe des arrêts de 1733 & 5 Mai 1752. Avant de les attaquer par la voye de la caſſation, il devoit épuiſer celle de l'oppoſition qui fut renvoyée au Jugement du fonds. Il a donc fallu attendre ce Jugement, & ce n'étoit qu'après ce Jugement définitif qui a canoniſé l'injuſtice des autres, qu'il a été en droit de s'en plaindre, & de les attaquer au Conſeil. S'il s'y fût pourvu auparavant, ſa demande n'eût point été accueillie ; parce que le Conſeil n'admet jamais de plainte *à futuro gravamine*, ni de caſſation contre des arrêts d'inſtruction ; parce que les Cours peuvent ſe réformer dans leur Jugement définitif ; par-

(3) P. 74, 75 & 77 de la Requête du Syndic.

ce qu'enfin la caſſation eſt une voye extraordinaire à laquelle perſonne n'eſt admis, qu'après que tout eſt jugé ; lorſqu'il n'y a plus de remède, & dans le ſeul cas, où tout autre moyen manque pour obtenir juſtice : le Chapitre n'a donc pu ſe diſpenſer de défendre au fonds.

Seconde fin de non-recevoir.

Les Maire & Conſuls font conſiſter leur ſeconde fin de non-recevoir » en ce que le Chapitre n'a pas demandé à être re-» levé du laps de temps qui s'étoit écoulé depuis les arrêts » de 1733 & 1752, pour en demander la caſſation, ſuivant » les art. VIII & XV du tit. 4 du Réglement du Conſeil de » 1738, ſans lequel relief les arrêts ne pouvoient être caſſés.

Le dernier qui juge définitivement les conteſtations des Parties, originairement élevées par l'arrêt de 1733, & renouvellées par celui du 5 Mai 1752, eſt du 25 Décembre 1755. Le Chapitre forma oppoſition à ces deux premiers arrêts, & ils devinrent préparatoires, ou ſimples arrêts d'inſtruction, par celui du 11 Juillet 1752, qui renvoya l'oppoſition du Chapitre au Jugement du fonds. Le délai pour les attaquer n'a donc pu courir que du jour de l'arrêt définitif, qui eſt du 23 Décembre 1755.

Le Réglement accorde un an aux Corps & Communautés pour ſe pourvoir contre les arrêts qui les léſent : l'arrêt du Conſeil qui admet la Requête en caſſation, & qui accorde au Chapitre la main-levée proviſoire des fruits ſaiſis, eſt du 10 Août 1756. Il l'avoit préſentée dès le mois de Juin : le Chapitre s'eſt donc pourvu dans un temps utile & bien avant l'expiration du délai d'un an que lui accorde le Réglement.

Prévoyant cependant, les difficultés que les Maire & Conſuls feroient, tant ſur la forme que ſur le fonds, le Chapitre eut la précaution de préſenter une Requête au Conſeil pour être relevé, en tant que de beſoin, du laps de temps qui pouvoit s'être écoulé depuis les arrêts de 1733 & 5 Mai 1752, qui n'avoient eu aucune exécution définitive.

24 Janvier 1757. Requête du Chapitre en relief de temps.

Sur cette Requête intervint une Ordonnance le 24 Janvier 1757 (4), qui commit le même Rapporteur de la demande en cassation. On sait avec quelle exactitude, le Greffier du Conseil remet les Requêtes à MM. les Rapporteurs (5).

Lors de l'examen des Requêtes, Piéces & Mémoires sur cette cassation, MM. les Commissaires reconnurent que les arrêts de 1733 & 1752 étoient devenus préparatoires par l'arrêt du 11 Juillet 1752, & regarderent comme superflue & inutile la demande du Chapitre en relief de temps. Ce Jugement étoit d'autant mieux fondé, qu'en supposant que cette formalité préliminaire eût été nécessaire, elle demeuroit couverte par l'arrêt du Conseil du 10 Août 1756, » qui renvoye à la » grande Direction la demande en cassation, & qui fait main- » levée des saisies.

Les Maire & Consuls ont été eux-mêmes si convaincus de l'inutilité de cette formalité, que par leur Requête du 30 Septembre de la même année, en opposition à ce même arrêt, ils n'ont attaqué que le chef concernant la main-levée, d'où il résulte un acquiescement formel de leur part, au surplus de ses dispositions.

Cette conséquence est confirmée par l'arrêt qu'ils avoient surpris le 7 Décembre suivant, en ce qu'il renvoye de nouveau le Chapitre à se pourvoir au Conseil de la grande Di-

(4) V. la cinquiéme piéce de la seconde production du Chapitre.

(5) Les Maire & Consuls disent, p. 7 de leur Requête imprimée, que la Requête & ordonnance en relief du temps, signée de M. le Chancelier & du Greffier du Conseil, est supposée : c'est ainsi qu'ils traitent les Titres, les Actes & les Jugemens les plus autentiques.

rection, tant sur la demande provisoire que sur la cassation, au rapport du même Magistrat commis par l'Arrêt du 10 Août 1756. Les Maire & Consuls sont donc eux-mêmes non-recevables à exciper d'une fin de non-recevoir, qui (fût-elle proposable?) seroit couverte par leur première Requête, faute par eux de n'avoir pas attaqué la disposition du renvoi; & qui le seroit encore, par les deux arrêts du Conseil du 10 Août & 7 Décembre 1756, & par celui du 24 Avril 1758, qui casse ceux de la Cour des Aydes.

Les fins de non-recevoir des Maire & Consuls, ni les hypotèses du Syndic n'ont aucune sorte de consistance. La première est la même qu'ils avoient hasardée dans leur Mémoire pour faire échouer la cassation: la seconde n'est qu'une illusion qui disparoît sans retour.

SECTION IX.

Moyens de Cassation.

Premier moyen contre l'Arrêt du 28 Mai 1733, qui ordonne que les biens de S. Pierre seront ajoutés au compoix roturier.

Le premier est pris de la contravention aux *Déclarations du Roi des 23 Janvier 1721 & 17 Octobre 1741*. La *première* porte que » les Etats de la Province de Languedoc » ayant reconnu que *plusieurs Communautés abusoient de la* » *facilité d'ajouter à leur compoix les biens fondés en présomption* » *de nobilité*, *sans aucune formalité*, ont supplié Sa Majesté de » *rémedier à cet abus* également préjudiciable aux possesseurs » des biens fondés en présomption de nobilité, & aux Com- » munautés.

» Auquel effet, Sa Majesté ordonne que les Communautés » de ladite Province *ne pourront à l'avenir cottiser à la taille* » *les biens fondés en présomption de nobilité*, qu'après avoir rap-

» porté à la Cour des Aydes de Montpellier *des* TITRES DE
» ROTURE *en bonne forme*, comme anciens compoix, con-
» trats d'acquisition, baux à cens, rentes foncières, cham-
» parts ou agriers, transactions ou autres équivalens, suivant
» la Déclaration de 1684, sur lesquels, ladite Cour accordera
« la permission de cottiser & allivrer lesdits biens, si elle
» trouve que lesdits titres *soient suffisans* pour détruire la pré-
» somption de nobilité.

Cet *abus* de la part des Communautés a été encore mieux reconnu & condamné par la Déclaration du 17 Octobre 1741, l'article premier, s'exprime dans les mêmes termes de celle de 1721 (1).

Il y avoit des biens nobles, avant la Monarchie, & à plus forte raison avant l'établissement des tailles. Ces biens étoient possédés par les Eglises ou par les Seigneurs; ils furent, de tous les temps, exempts des charges & de servitude: c'est le motif, sur lequel, est en partie fondée, en leur faveur, cette présomption de nobilité continuellement répétée dans les Ordonnances & Déclarations de nos Rois.

Les biens de Saint-Pierre sont présumés nobles par la seule qualité du possesseur; ce principe est consacré dans les *articles 3 & 4* de la Déclaration de 1684, il faut le suivre *.

---

(1) » Les Communautés du Languedoc ne pourront cottiser à la
» Taille les biens fondés en présomption de nobilité, qu'après avoir
» rapporté à la Cour des Aides des contrats d'acquisition, des titres
» de roture en bonne forme, conformément à la Déclaration du 23 Jan-
» vier 1721, & qui expriment la roture desdits biens.

* L'art. 3 (dit M. *d'Aguesseau*, dans son Avis, p. 13, fol. 23 du Recueil établit la présomption de nobilité des biens dépendans des Eglises, par une disposition générale, absolue & indéfinie, sans aucune restriction ni limitation.

Préſomption de nobilité.

Dans les aſſemblées tenues pour le Réglement des Tailles, la préſomption de nobilité des biens des Egliſes principales fut toujours regardée comme générale & indéfinie : *les préſumer eccléſiaſtiques ou féodaux, c'eſt la même choſe ;* il n'y a, ni Ordonnance ni Déclaration en matière de Tailles, qui n'ordonne que *les biens dépendans des Egliſes Cathédrales ou Paroiſſiales ſeront cenſés & préſumés nobles.* Ces Egliſes n'ont beſoin dans leur défenſe que d'employer leur jouiſſance pour éprouver l'effet de la préſomption. Or, *M. l'Avocat Général* de la Cour des Aydes convient dans ſes *Concluſions*, *pag. 21*, qu'en *exécution de la charte de 933 le Chapitre a joui noblement & ſans trouble juſqu'à ce jour des biens de Saint-Pierre.*

En deux propoſitions, le Chapitre va extirper tous les moyens illuſoires, ſur leſquels le Syndic & les Maire & Conſuls ont élévé leur ſyſtême.

PREMIERE PROPOSITION.

» *Soit* que les biens de Saint-Pierre proviennent du Seigneur Evêque réginal ou de ſa famille.

SECONDE PROPOSITION.

» *Soit* que ces biens ayent originairement formé la dot d'une » Paroiſſe, ou fait partie de la Menſe commune du Clergé de » Beziers; le Chapitre va prouver qu'ils ſont également nobles.

Preuve de la premiere.

Dans *le premier cas :* les grands Vaſſaux de la Couronne & les autres Seigneurs qui jouiſſoient, dans le dixième ſiécle, au temps de la chartre de 933, des Droits régaliens ; lorſqu'ils ont donné aux Egliſes, ils n'ont donné que des biens de leur domaine, (2) ou de ceux qu'ills avoient enlevé à l'Egliſe même, pendant les troubles qui agiterent l'Etat, à la fin

(2) Voyez le Teſtament de *Guillaume Comte d'Auvergne* de l'an 910, *Bibliot. Clem. p. 1.* Charte de *Pons Comte de Toulouſe* de l'an 926. *Gall. Chriſt.* tom. 6, Inſtrum. p. 36.

de la seconde Race. Ces biens libres, francs entre leurs mains, & par eux ensuite transmis à l'Eglise, ont été par elle possédés, comme par les Seigneurs, quittes & exempts de toute sorte de charges.

M. Daguesseau dans son *Avis* atteste ce principe, en disant » *que les biens donnés à l'Eglise par les Seigneurs, étoient nobles entre leurs mains, qu'ils ont conservé cette qualité en passant entre celles de l'Eglise, & que par conséquent la nobilité doit en être présumée.* » Le Syndic, *pag. 35 & 44* de sa Requête, admet ce principe.

Il est prouvé que *le Seigneur Réginal* étoit de la famille des Vicomtes de Beziers (3). La haute noblesse ne peut en être contestée; la nobilité de ses biens peut encore moins être conséquemment attaquée. Il n'y eut jamais de Prélat servile ni roturier, sous la première & seconde Race de nos Rois (4).

Les deux tiers des terres étoient encore privilégiés en 933.

Ces deux tiers, suivant la vérification qui en a été faite en Languedoc, sont réduits à la 60e partie; encore, le très-peu dont le second Ordre du Clergé jouit, est-il assujetti au don gratuit, & à des décimes; impositions plus fortes que les charges roturieres?

L'Eglise & la Noblesse n'ont cessé de perdre par les guerres, par les différentes révolutions, par l'égarement de leurs titres, par la négligence des Titulaires (5), par les persécu-

(3) Voyez la Note 4 sur la troisième piéce du Recueil des titres justificatifs de la nobilité des biens de S. Pierre.

(4) Voyez *ibid.* Note 5.

(5) Voyez l'Avis de M. *d'Aguesseau*, fol. 17 du Recueil des Loix.

cutions

cutions des Proteſtans, par les déſordres du Ban (6), & par l'uſurpation ou les chicanes des Roturiers.

Après toutes les recherches & l'examen rigoureux qu'on a fait, en différens temps, des biens nobles; peut-on ſe perſuader qu'il exiſte des biens roturiers convertis en nobles & poſſédés comme tels ? Ce ſeroit réſiſter à l'évidence que de ſoutenir que les biens de Saint-Pierre, qu'on voit ſortir en 933 des mains d'un Seigneur, d'un Evêque de race illuſtre, fuſſent pour lors Roturiers, & que cependant, ils ayent été poſſédés depuis & juſqu'à préſent, comme nobles, déclarés, jugés & toujours reconnus tels par différens Actes, Sentences & Arrêts.

Preuve de la ſeconde propoſition ſur la nobilité.

Dans le *ſecond cas*, ſi originairement les biens de Saint-Pierre ont fait partie de la Menſe commune des biens du Clergé de Beziers, la propriété du Chapitre & leur franchiſe remontent aux premiers âges de l'Egliſe; & l'on peut croire qu'ils dépendoient de l'Egliſe de Beziers, avant l'établiſſement de la Monarchie Françoiſe. Les Clercs ou Chanoines, comme deſſervans cette Egliſe matrice, étoient co-Propriétaires de la Menſe commune avec l'Evêque; ils avoient par-même le droit en 933 d'en exiger le partage; *habebant partem in toto & totum in quâlibet parte.* Ils n'ont pû acquérir, ſe vendre, ni ſe donner un bien dont ils étoient Propriétaires. La chartre de 933 ne peut par conſéquent être regardée, en aucune manière, comme un acte d'acquiſition de biens profanes, ni à prix d'argent, ni à titre lucratif; mais elle doit

---

(6) Combien de Terres nobles les Poſſeſſeurs n'ont-ils pas rendues roturieres, en les faiſant encadaſtrer, pour ſe diſpenſer de ſe rendre à la convocation du ban & arriere ban ? Voyez le préambule de l'Edit de François I, de l'année 1543, & Deſpeiſſes, tom. 4, tit. 2, art. 4, ſec. 2, n. 66.

être décidemment traitée comme une assignation de Mense, comme un effet du partage des biens ecclésiastiques, ordonné par les Papes & les Conciles. Suivant *M. de Montesquieu* (8) » *les priviléges & les prérogatives* étoient naturels & inhérans » à ces mêmes biens, parce qu'ils *ont été donnés tels à l'E-* » *glise*, de même qu'ils l'eussent été à un *Leude* ». *Thomassin* (9) prouve que l'Eglise pouvoit acquérir les biens nobles, & jouir de toutes les franchises des charges.

Il doit suffire, d'ailleurs, que dès l'an 933 les biens de Saint-Pierre ayent dépendu d'une Cathedrale, & qu'ils ayent formé la Mense particulière d'un Chapitre. L'Eglise de Beziers ne subsiste que sous les auspices de nos Rois, qui l'ont successivement protégée & défendue contre ses persécuteurs.

Autres preuves de la nobilité.

Outre que ses biens n'étoient pas prétendus nobles, lors de l'arrêt rendu sur Requête en 1733, comme l'entend la Déclaration de 1721, pour être ajoutés au compoix & cottisés, ils étoient au contraire, décidés purement nobles par des Sentences & des Arrêts contradictoires. Leur qualité n'étoit point équivoque; il falloit donc, pour détruire leur présomption, se conformer aux Déclarations du Roi, rapporter des actes justificatifs de roture, des actes qui n'eussent jamais été visés dans les précédens Jugemens, & desquels il résultât que ces biens ont été soumis aux Tailles, qu'ils y ont réellement contribué, ou qu'ils ont été avilis par d'autres moyens. *Præsumptiones onus probandi inferunt in adversarium.*

La seule piéce que les Maire & Consuls ayent joint à leur Requête en permission d'allivrer, consiste dans une copie in-

(8) Liv. 30, ch. 1.

(9) Tom. 3, Liv. 1, ch. 36, n. 6, p. 282.

forme de la chartre de 933. Ils en ont imposé à la Cour des Aydes, en la lui présentant comme une piéce nouvellement recouvrée, &c. comme un titre de roture, tandis que cet acte n'est, ni l'un, ni l'autre.

La preuve que ce n'est point une piéce nouvellement recouvrée, comme l'exigent les Déclarations de 1707, & l'art. 8 de celle de 1713, c'est que cette chartre se trouve visée dans la Sentence de 1281, dans les arrêts de 1556, dans la transaction de 1608; on la trouveroit encore rapportée & visée dans la Sentence de 1485, dans l'Arrêt du Parlement de Toulouse de 1486, & dans la transaction de 1531, si les Maire Consuls vouloient les produire *).

Autre preuve que la chartre de 933 n'étoit pas non plus déclaratoire de roture, c'est que tous les mêmes Jugemens contradictoires, & tous les actes passés en exécution, l'ont décidé purement titre de nobilité. L'Arrêt du Conseil du 24 Avril 1758 l'a jugé de même, en cassant l'arrêt de la Cour des Aydes de 1733 & de 1752, *en ce que*, *sur le vû* de cette piéce, *ils avoient ordonné le payement provisoire de Tailles;* & l'arrêt définitif du 23 Décembre 1755, en ce qu'elle lui avoit, dit-on, servi de fondement. Ce motif de cassation est si juste, que la charte de 933 devoit déterminer, comme elle l'avoit toujours fait, la confirmation de la nobilité, au lieu de fournir le prétexte de l'attaquer. Elle constate, en effet, la franchise, la seigneuralité des biens de Saint-Pierre par *le temps* où elle a été passée, par *la qualité* des Parties, & par *la nature* des biens ecclésiastiques & féodaux dont elle fait la description (9).

---

* Le second Consul de Béziers enleva tous les titres au Chapitre en 1556.

(9) Voyez les notes 1, 2, 3, 4, 5, 14, 15, 16, 18, 19, 20, 21, 25, 26, 32 sur la troisiéme piéce du Reçueil des titres justificatifs de la nobilité des biens de S. Pierre.

La Cour des Aydes pouvoit d'autant moins s'arrêter à cette piece visée, & tant de fois revisée, que, quelques efforts qu'ayent fait le Syndic & les Maire & Consuls, pour lui prêter des tournures de roture, ils n'ont pu y réussir. Encore moins ont-ils été en état, quelques recherches que la passion leur ait fait faire, de rapporter aucun vestige de titre indicatif de roture, avant ni depuis la Chartre de 933.

Malgré la solidité de ce moyen, le Syndic, les Maire & Consuls, pour soutenir l'injustice aussi-bien que l'irrégularité de l'arrêt de 1733, élevent trois objections, ou forment trois erreurs qu'il est aisé de détruire.

Rédaction des plus fortes objections du Syndic.

Ils font naître *la premiere*, des termes, *contrats d'acquisition* énoncés dans les Déclarations du Roi, pour constater les preuves de roture : *la seconde* de ceux de l'article 12e de la Déclaration de 1684, concernant les biens acquis depuis la fixation des Tailles royales ; & *la troisiéme*, de l'usage où est la Cour des Aydes de Montpellier, d'ignorer ses anciens arrêts de nobilité. Donnons à ces trois objets singuliers, la même étendue que le Syndic leur a prêtée.

Premiere.

Il prétend donc, 1°. que les Déclarations de 1684, 1707, 1708, 1721 & 1741, n'exigent que la simple représentation d'un *titre d'acquisition*, de quel temps, de quelle nature qu'il soit, & de quelle qualité que soient les Parties, sans être obligé de rapporter aucun compoix ancien ni moderne, ni aucune preuve d'avilissement, pour faire cesser la présomption de nobilité.

Réponse.

Cette objection est déja détruite par les principes établis sur l'origine des biens de St Pierre, sur leur ecclésiasticité ou sur leur féodalité ; mais on remarque, de plus, que toutes les Déclarations du Roi ne mettent *les contrats d'acquisition* dans la classe des actes qui peuvent justifier la roture, que parce que, dans des contrats d'auſſi bonne foi, les Parties expriment ordinnairement leurs qualités, choſe eſſentielle pour la nobilité ; elles déſignent la nature des biens dont elles traitent ; & elles diſent, s'ils ſont nobles ou roturiers, ſujets, ou non ſujets à des charges privées ou publiques ; ce qui eſt encore indiſpenſable, pour en regler la valeur.

A la vérité, le Syndic de la Province avoit fait rendre un arrêt en finances le 29 Novembre 1707, qu'il parvint à faire eriger en déclaration, pour faire loi en 1708, portant » que » les Communautés qui produiroient des contrats d'acquiſi- » tions d'héritages, faits par ceux qui ſont fondés en préſomp- » tion de nobilité, ne ſeroient tenus de faire d'autre preuve pour » faire ceſſer cette préſomption ; ſauf, aux particuliers à faire voir la ſituation & la contenance des biens qu'ils avoient acquis.

Ce fut le tocſin du déſordre & des conteſtations que les Communautés éléverent *per fas & nefas*. L'abus qu'elles firent de cette loi, fut ſi ſenſible, que les Etats en porterent leurs plaintes au pied du Trône. Il fut rendu une autre Déclaration le 23 Janvier 1721, qui anéantit celle de 1708, par les reſtrictions & le jugement préalable qu'elle ordonne des *pieces nouvelles*, avec leſquelles les Communautés attaquent les biens nobles.

» Les Communautés, porte cette Loi, ne pourront plus, » à l'avenir cottiſer les biens fondés en preſomption, (ſous » prétexte qu'elles repréſentent des contrats d'acquiſition,) » ſans avoir rapporté à la Cour des Aydes de Montpellier, des » titres de roture en *bonne forme*, comme *anciens compoix*, *con-* » *trats d'acquiſitions*, *baux à cens*, *rentes foncieres*, *champarts ou* » *agriers*, *tranſactions*, & autres équivalens, *ſuivant la décla-* » *ration de 1684*, ſur leſquels, ladite Cour accordera la per- » miſſion de cotiſer & allivrer leſdits biens, *ſi elle trouve que*

» *les titres soient suffisans* pour détruire la présomption de nobi-
» lité, après qu'ils auront été communiqués au Procureur gé-
» néral.

La seule représentation d'un contrat d'acquisition, ne détruit donc pas la présomption de nobilité? Il faut, suivant la Déclaration de 1721, qu'il soit jugé *suffisant*, parce qu'il peut être décidé *insuffisant.* Il faut que ce contrat n'ait jamais *souffert de jugement*, qu'il soit *nouvellement recouvré*, suivant la Déclaration *du 30 Août 1707*; & qu'il n'ait jamais été *visé* dans aucune Sentence, Arrêt ni Transaction, suivant l'*art. 8 de la Déclaration de 1713.* Il faut qu'il en résulte, enfin, que les biens énoncés par ce contrat, ayent l'apparence de la roture; soit par leur nature, soit par la qualité des Parties.

L'Ordonnance de 1463, explique très-clairement dans quels cas les contrats d'acquisition peuvent servir de titres de roture; & c'est à cette loi qu'il faut rapporter l'esprit de toutes celles qui l'ont suivi, sans en exprimer l'espece. Cette Ordonnance porte » que les Ecclésiastiques ne contribueront
» aux Tailles que pour les terres qu'ils auront *acquises des gens*
» *Laïcs qui y contribuoient avant qu'ils les eussent vendues*, données
» ou transportées à l'Eglise *.

Il faut donc qu'il résulte, du contrat d'acquisition, que le vendeur étoit *Laïc* roturier, & que ses biens contribuoient aux Tailles. Telle étoit, dans le dernier siecle, la Jurisprudence

* *V.* l'extrait d'une prétendue *enquête de l'an 1296*, p. 59 du Recueil des Maire & Consuls, portant *art.* 2, p. 61, *ibid.* « que les Consuls de
» Beziers proposoient de prouver que tous les héritages situés dans le
» territoire de Beziers, qui étoient possédés par les Ecclésiastiques, avoient
» autrefois appartenu à des *personnes laïques* »; & *art. 3 ibid.* que ces
» mêmes laïques contribuoient aux charges & collectes ». Il n'y a jamais eu, en effet, que cette espece de biens qui ayent été suspectés de roture. L'Ordonnance de 1463 en a fait un principe dont l'art. 12 de la Déclaration de 1684 n'est que l'extrait; l'exemption des biens donnés à l'Eglise par les Seigneurs ecclésiastiques ne furent jamais soupçonnés de roture.

de la Cour des Aydes de Montpellier, atteſtée par *Deſpeiſſes* ; d'après ces principes conſacrés par une multiplicité d'arrêts, [10] dans leſquels les Gens du Roi n'ont jamais été ouis.

La tranſlation de propriété ne dénature jamais *la choſe acquiſe*. Si les fonds ſont nobles, l'acquiſition ne les avilit point : s'ils ſont roturiers, ils ſont exclus de toute exemption des charges. Pour rendre ce principe plus ſenſible, & pour ne pas oppoſer la Loi à la Juriſprudence, il faut, avec *Philippi* & *Deſpeiſſes*, diviſer les contrats d'acquiſition en deux eſpeces.

Les contrats d'acquiſition faits par l'Egliſe des gens *Laïcs*, qui contribuoient aux Tailles, ſont de vrais titres de roture, ſuivant l'Ordonnance de 1464. Si le contrat porte qu'ils y ſont ſujets : ſi les biens, quoique nobles, ont été dans la ſuite encadaſtrés utilement, ſans réclamation du Poſſeſſeur, point de difficulté non plus, ſur la roture, quoique le vendeur ou le donateur n'ait été ni laïc, ni roturier.

Mais, s'il reſulte, au contraire, du contrat d'acquiſition, que le vendeur ou le donateur occupoit une dignité éminente, qu'il étoit grand Seigneur, & non contribuable : ſi le contrat ne fait aucune mention des charges des biens vendus ou donnés : s'ils n'ont jamais eté aſſujettis : s'ils n'ont point été encadaſtrés, lors du compeſiment général, ni utilement depuis ; il n'y a ni Loi, ni Arrêt, ni Auteur, ni Juriſconſulte qui ne décident de leur pure nobilité.

Teudon & Odon, Vicomtes de Beziers & de Narbonne, ſont les auteurs de cette Chartre, d'après les ordres qu'ils avoient reçus de la part de Réginal, Evêque de Beziers qui étoit de leur famille.

Trouve-t'on, dans la Chartre de 933, quelqu'une des marques de roture indiquées par l'Ordonnance & par *Deſpeiſſes* ?

(10) Deſpeiſſes, tom. 4, tit. 2, art. 14, ſec. 2, n. 51, rapporte des Arrêts des 14 Décembre 1620, 13 Mai 1621, 28 Août 1626, Février 1624, 2 Décembre 1629, 11 & 19 Septembre 1640, qui ont déclaré nobles les biens des Egliſes d'Annonai, de Narbonne, de S. Chinian & autres, ſur ce principe, que les Conſuls ne prouvoient pas que leurs biens euſſent été *acquis* d'un *Roturier*, ni qu'ils euſſent été cottiſés, *ibid.* n°. 61.

Il s'en faut bien ; on apperçoit, au contraire, des contractans de la plus haute qualité : non seulement *Reginal*, n'est pas *Laïc*, comme le desire l'Ordonnance ; mais il ne peut pas être soupçonné de roture, occupant une dignité aussi éminente que l'étoit l'Episcopat, au commencement du dixiéme siecle.

Les biens énoncés dans cette Chartre, ne pouvoient pas être alors assujettis à la Taille ; puisque cette imposition étoit encore inconnue, & qu'elle n'est devenue publique, perpétuelle & royale que vers le milieu du quinziéme siecle. (11) Le Chapitre peut ajouter que ses biens n'ont jamais été encadastrés, ni soumis à la Taille en aucun temps ; & que, lorsque les Consuls de Beziers ont entrepris, en 1555 & en 1605, de les comprendre dans leurs nouveaux cadastres, ils en ont été rayés autant de fois, par des arrêts contradictoires sur le vu de la Chartre de 933. *

Ces biens y sont, en effet, désignés comme Ecclésiastiques & comme féodaux. Leur ecclésiasticité resulte du détail de l'Eglise du lieu de St Pierre, des vases sacrés, des sacristies & des cimetieres, dont ils dépendent ; la perception des dîmes & prémices attachée à cette Eglise, & faisant partie de ces mêmes biens, est prouvée par des actes postérieurs à la Chartre de 933, & par la possession constante qu'en a encore le Chapitre. A l'égard de leur féodalité, il n'y auroit qu'à remonter à leur source ; mais elle est encore établie par l'énonciation du chef lieu de Saint Pierre, appellé *honneur*

(11) V. la Dissertation sur les Tailles, part. 4, de l'examen du Recueil des Loix.

* On ne peut se faire des titres de roture pendant le litige. Les cadastres de 1555 & de 1605 ont donné lieu à ces mêmes litiges, & ces cadastres ont été judiciairement proscrits.

&

& *fief* dans les anciens titres; par la description des Colonies, des Isles adjacentes; par le droit de pêche sur la riviere d'Orb, dont le Chapitre jouit; & pat le droit qu'il avoit autrefois de connoître des délits commis sur cette Riviere.

Si ces biens, francs entre les mains d'un Prélat illustre par sa famille, transmis par les Souverains de Beziers aux Chanoines de sa Cathédrale, pouvoient être avilis huit siecles après, que deviendroit la maxime, *res transit ad alium cum suâ causâ:* maxime qui est actuellement consacrée dans toutes les matieres féodales & de servitude......... Si le fonds vendu ou donné est noble, ou présumé tel, il doit passer à l'Acquéreur avec sa franchise, *cum suâ causâ*, sans distinction de la qualité des Possesseurs, porte l'art. 1er de la Déclaration de 1684. Cette regle vivante porteroit à faux, si le fonds devenoit roturier; de cela seul, qu'il seroit acquis ou donné.

Il n'y a aucune sorte de bien, soit noble ou roturier, qui n'ait été acquis en quelque-tems que ce soit. L'Eglise ne fut point élevée avec des biens fonds: tous ceux qu'elle posséde, lui ont été donnés, ou transmis exempts des charges, lorsqu'elle a remplacé le culte des Druides, & autres Prêtres du Paganisme. On sait qu'elle n'en a que l'usufruit; que ses biens forment un fonds inaliénable; que leur revenu tient lieu d'un impôt public qui seroit indispensable pour l'entretien des Temples, des Ministres & des Pauvres: c'est un dépôt sacré qui doit être à l'abri de la cupidité des administrateurs des Communautés.

Les héritages nobles que les Seigneurs possédent actuellement, sont censés avoir été également acquis par leurs ancêtres, & avoir été propres à d'autres Seigneurs.

Tous les biens d'Eglise, ou des Seigneurs, ont donc été anciennement acquis: *in verbo AQUIS*, doivent-ils être déclarés roturiers, faute par les fondés en présomption, de justifier leur nobilité *ab ævo*? Terminons la dissolution du systême du Syndic, par une espece frappante.

On suppose que la Terre de *Montferrier*, située en Languedoc, érigée depuis peu en Marquisat, fut noble, lorsqu'elle a été acquise. Le Syndic de la Province, qui en est actuellement propriétaire, ne trouveroit-il pas injuste & contraire au bon sens, au droit commun, à la Jurisprudence & aux Loix sur la nobilité, que la Communauté de Montferrier fît déclarer sa terre roturiere, sous prétexte que la Communauté en rapporteroit le contrat d'acquisition? Ce seroit dans ce cas, qu'il conviendroit de ce principe certain, que la translation de propriété pure & simple, ne change jamais la nature du bien acquis.

Seconde objection. L'art. 12 de la Déclaration de 1684, porte „ que les biens „ acquis par l'Eglise, & les Seigneurs *Justiciers seront censés* „ *rotutiers, s'il n'appert par titres de leur nobilité.*

Réponse. Suivant les art. 3 & 4, les biens de l'Eglise St Pierre sont présumés nobles, parce qu'ils dépendent d'une Eglise Cathédrale, & qu'ils sont depuis les premiers âges de l'Eglise, ou de la Monarchie, attachés à une Paroisse.

Veut-on regarder la Chartre de 933 comme un contrat de donation, ou d'acquisition, en faveur de l'Eglise matrice du Diocèse de Beziers?

Sans avoir recours à des actes antérieurs à cette époque, & qu'il seroit impossible de se procurer, quoiqu'ils aient existé, pour prouver sa paroissialité; il n'y a qu'à jetter les yeux sur cette Chartre même, qui, comme on l'a déja remarqué, prouve, ainsi que les actes de 959, 1097, 1203 & 1281, la nobilité des biens y énoncés, autant par leur description & leur nature, que par la qualité distinguée de toutes les Parties.

Quand il ſe rencontre quelque difficulté dans les Loix nouvelles, ou que les cas qu'elles décident, ne ſont pas aſſez développés, il faut avoir recours aux anciennes; & ſi l'on fait attention à celles qui ont précédé la Déclaration de 1684, l'on ſe convaincra facilement que l'*art. 12* qui ſemble interloquer les Gens peu inſtruits de cette matiere, n'eſt qu'un extrait confus de l'Ordonnance du 16 Octobre 1463.

„ Toutes les maiſons, (porte cette Ordonnance), terres, „ rentes & poſſeſſions *rurales & contribuables* qui ont été par „ leſdits gens d'Egliſe, Nobles, Etudians & autres, eux diſans privilégiés, & qui ſeront *acquiſes*, ou leur adviendront „ par legs ou donation des *gens Lais*, leſquelles *contribuoient* „ *aux Tailles, avant* qu'ils les euſſent vendues ou données, ſe- „ ront contribuables.

C'eſt tout comme ſi l'art. 12 de la Déclaration de 1684, portoit, que „ les biens acquis par l'Egliſe & les Seigneurs, „ *des gens Lais* ou roturiers qui *contribuoient aux Tailles*, „ ſeront cenſés roturiers, s'il n'appert par titres de leur no- „ bilité.

Tel doit être, en effet, le véritable ſens & la diſpoſition de cet article: tous les principes le décident de même; il n'y a qu'à ſe les rappeller.

L'art. 1er de la Déclaration de 1684, donne aux roturiers la faculté de poſſéder des biens nobles, & par conſéquent d'en diſpoſer; l'art. 8 leur permet de les tenir ſans aucune portion de juſtice; & comme ils ne ſont point fondés en préſomption, il faut, lorſqu'ils les vendent ou qu'ils les donnent, ſoit à l'Egliſe, ſoit aux Seigneurs, qu'ils les mettent en état d'en prouver la nobilité.

Il ne tombe pas ſous le ſens, que le Légiſlateur ait voulu ſoumettre l'Egliſe, ni les Seigneurs à prouver la nobilité des biens par eux acquis des autres Seigneurs aussi qualifiés & aussi privilégiés qu'ils le sont eux-mêmes, & qui sont présumés en avoir joui noblement *ab antiquo*. Depuis la Chartre de 933, le Chapitre a constamment joui de la nobilité des biens attachés à l'Eglise St Pierre : pourquoi ? Parce que Reginal son Evêque, avant de les lui transmettre, les possédoit au même titre : il faut donc fixer la disposition de l'art. 12. sur les biens acquis des roturiers seulement, & non pas sur ceux provenant des fondés en présomption ; parce que les biens acquis des Nobles ou des Seigneurs par l'Eglise, dans le dixiéme siecle, soit à titre onéreux, soit à titre gratuit, sont autant de propriétés dont la nobilité n'a pas besoin d'être justifiée ; la Noblesse ne possédoit alors, que des biens francs & immunes de toutes charges.

Comment les biens donnés à l'Eglise par leurs Evêques, ou par la Noblesse, sous la seconde Race de nos Rois, ne jouiroient-ils pas de la présomption de nobilité ? Puisque l'art. 8 de la Déclaration de 1684, veut, en termes exprès, „ que „ les biens qu'on justifiera, par titres primordiaux, avoir été „ *donnés* en inféodation & *noblement* par le *Roi*, par les *Égli-* „ *ses*, & par les *Seigneurs*, ou dont on remettra les homma- „ ges anciens, ne *seront tenus de contribuer aux impositions*, „ quand même les possesseurs des biens n'auroient aucune „ portion de justice.

Les biens qui proviennent de l'Eglise ou des Seigneurs, sont, par cet article, reputés aussi nobles & privilégiés, que ceux qui ont été accordés par nos Rois : l'art. 12. de la Déclaration de 1684, ne peut donc faire subir la preuve de nobilité aux biens provenus, ou acquis des Seigneurs, par l'Eglise ; & c'est encore avec plus de raison qu'il faut s'en tenir à la disposition de l'Ordonnance de 1463, & de l'art. 8, rapporté ci-dessus, pour en conclure que l'art. 12 ne peut être appliqué qu'aux biens acquis des roturiers ou des personnes qui ne sont pas fondées en présomption.

Quelle induction que le Syndic veuille tirer de l'art. 17 de la Déclaration de 1684, portant „ que nulle prescription ne „ pourra être opposée pour la preuve de la nobilité des héritages : „ il ne pourra jamais persuader à aucun Juge, sage & éclairé, que la Loi ait eu pour objet de détruire la nobilité des biens acquis ou donnés à l'Eglise, avant le cadastre général, avant la fixation de la réalité des Tailles en 1446; & moins encore d'anéantir les titres anciens & respectables de la présomption de nobilité. Si l'art. 12 étoit indéfini, le 17e en porteroit la disposition jusques aux premiers âges des Eglises; & dès-lors toute présomption de nobilité seroit éteinte en Languedoc; tandis que les Habitans des Provinces voisines en jouissent paisiblement, depuis que les recherches ont été fixées à une époque certaine. Mais les rayons de lumiere que repand l'avis de M. d'Aguesseau sur ce point, confirme le Chapitre de Beziers dans la légitimité de ses droits.

„ Si ces biens (dit cet illustre Magistrat;) eussent été acquis par les Eglises des gens roturiers, les habitans & contribuables des lieux qui avoient intérêt de les cottiser, n'eussent pas manqué de le faire; la crainte, la complaisance, „ & autres raisons semblables, peuvent les avoir retenus en „ certaines années. Mais qu'elles aient produit cet effet pendant deux cens ans, pendant tant de changemens de titulaires, tant de différens consulats, tant d'impositions renouvellées tous les ans, tant de variétés des Parties, & d'*animosités qui agitent ordinairement les Communautés de ce Pays*, „ (c'est bien connoître le climat;) *au milieu de l'hérésie*, & „ pendant que *les Huguenots qui ont été les maîtres très-long-*

„ *temps de la plupart des lieux, ne cherchoient que les occasions* „ *de détruire les priviléges & les droits des Eglises* : c'est ce qu'on „ ne peut imaginer. On ne sauroit donc (conclut M. d'A- „ guesseau ;) regarder l'immunité dont elles ont joui, que „ comme une espece de reconnoissance de la part des habi- „ tans contribuables des Communautés, que ces biens pro- „ venoient des anciennes dotations.

Il est évident que la Déclaration de 1684, ni celles qui ont été rendues depuis sur cette matière, n'ont aucun effet rétroactif pour détruire des actes licites, reguliers, passés sous la seconde Race de nos Rois, & dont l'exécution constante a été maintenue jusqu'à présent par les anciennes Loix, par la Jurisprudence des Cours, & par des jugemens contradictoires, *omnia constituta non præteritis regulam imponunt*; (*) c'est-à-dire, suivant *Godefroy*, que *omnes leges, non ea quæ anteriore tempore acta sunt, sed in futurum observanda constituunt.*

La Déclaration de 1684 ne porte aucune dérogation expresse aux anciennes Ordonnances : elle porte si peu contre le privilége de nobilité des fonds, qu'elle en confirme la présomption dans les termes les plus clairs. L'art. 8 de la Déclaration de 1713, bien loin de déroger à ce qui s'est passé avant celle de 1684, impose un silence absolu au ministère public, & lui défend d'attaquer les arrêts & transactions sur la nobilité, avec des pieces qui auront déja été jugées & visées dans ces mêmes titres : *constituta non præteritis calumniam faciunt.*

Troisième objection.

„ La Cour des Aydes, ni son Procureur général, ne sont „ pas tenus de connoître les arrêts par elle rendus en matière „ de nobilité : „ c'est ce que le Syndic nous donne pour maxi- „ me, pag. 72 de sa requête.

* L. 3, Tit. 1, Lib. 1, Cod. Theod.

Jamais héréſie plus conſommée pour le maintien de l'anarchie de la Juſtice: pourquoi le Préſident *Philippi* auroit-il recueilli les arrêts rendus entre le Chapitre & la Ville de Beziers en 1556, comme des oracles de la Cour des Aydes, ſi cette Cour, & ſon Procureur général ne doivent y avoir aucun égard? Le Chapitre ſoutient que cette Cour n'a pu les ignorer, ni leur donner atteinte par l'arrêt de 1733, & que les Maire & Conſuls ſont coupables de n'en avoir pas fait mention pour ſe mieux menager la ſurpriſe de cet arrêt. *Réponſe.*

Les arrêts de 1556 ſont rapportés par Philippi, & cités par d'autres Auteurs & Compilateurs des arrêts de la Cour des Aydes: il n'y a point de Magiſtrat de cette Cour qui n'ait ſes arrêtiſtes, ni d'Avocats & Procureurs poſtulans, qui ignorent les arrêts les plus célébres. Il n'eſt par conſéquent pas vraiſemblable que tant de Magiſtrats qui compoſent la Cour des Aydes, ayent tous pu ignorer de tels arrêts. En ayant donc eu la plus legere connoiſſance, ils ont dû en ordonner l'exécution, au lieu d'en enfreindre les diſpoſitions.

A l'égard des Maire & Conſuls, ces arrêts avoient été rendus contradictoirement avec leurs prédéceſſeurs; ils avoient été ratifiés, acquieſcés par des actes publics, homologués par arrêt du Conſeil, & exécutés pendant deux ſiecles; ils étoient inſcrits & rapportés dans les regiſtres de l'Hôtel de Ville; ils n'ont pu par conſéquent en ignorer la force, ni la teneur.

La Cour des Aydes n'a pu permettre d'additionner au compoix les biens nobles de St Pierre, avant d'avoir anéanti ces arrêts; les Maire & Conſuls n'ont pu lui demander cette permiſſion avant de les avoir attaqués & abolis. Ces arrêts étoient des loix que la Cour des Aydes ne pouvoit abolir par le ſimple fait, & que les Parties étoient obligées de ſuivre & d'exécuter, même pendant la Requête civile.

En les violant, sans motifs ni piece de roture, la Cour des Aydes a exposé son arrêt de 1733 à la cassation par sa contravention directe aux Déclarations du Roi de 1684, 1713, 1721 & 1741. (12) Il n'y a qu'à comparer la legereté de cet arrêt rendu sur une simple requête, sur le vu d'une copie informe de la Chartre de 933, avec toute la solemnité des arrêts contradictoires de 1556, pour se convaincre de plus en plus, de la justice du Conseil, & des motifs frappans qu'il a eu de prononcer la cassation de l'arrêt de 1733.

SECTION X.

Second Moyen de Cassation.

Contre l'Arrêt du 5 Mai 1752.

L'Arrêt du 5 Mai 1752 renferme plusieurs contraventions : *la première* est prise de la Déclaration du Roi du 30 Août 1707, qui permet » aux Communautés de se pourvoir con- » tre des arrêts contradictoires par forme de Requête civi- » le, nonobstant tout laps de temps, lorsqu'elles auront *nou-* » *vellement recouvré* des piéces justificatives de la roture des » biens déclarés nobles par ces mêmes arrêts.

Premiere contravention.

Les Maire-Consuls n'ont rapporté aucune piéce nouvelle, ni dérogatoire de roture : ce fait est prouvé. Ils se trouvoient par conséquent dans le cas ordinaire de la Loi générale, qui n'accorde que le délai d'un an pour se pourvoir par Requête civile contre les arrêts, *extra casum exceptum manet regula.* Il y avoit deux siécles que les arrêts de 1556 s'exécutoient. La Cour des Aydes n'a donc pû les abolir sans contrevenir à la

(12) *Injustum princeps arbitratus est in ipso litis exordio ex tempore quemquam, suo pristino jure exui.* C'est ainsi que s'exprime en pareil cas le Président *Philippi*, sur l'Ordonnance de François I, de l'an 1543, p. 251.

déclaration

Déclaration de 1707, qui exige de piéces nouvellement récouvrées & qui n'auront pas été visées dans les arrêts attaqués.

Seconde contravention.

De-là une *autre contravention* à l'art. 7 du tit. 35 de l'Ordonnance de 1667, suivant lequel « les Communautés seculières & régulières n'ont qu'un an, pour obtenir & faire » signifier leur Requête civile, à compter du jour que leur » aura été faite la signification de l'arrêt.

Ce délai d'un an est de rigueur & ne peut être étendu sans violer la Loi. Le Chapitre & la Ville de Beziers jouissent également de ce privilége ; les Maire-Consuls n'ont pû par conséquent se pourvoir, après deux siécles, contre des arrêts acquiescés, exécutés, (1) & qui les condamnent.

La chose jugée est une barrière aussi insurmontable pour les Parties que pour les Gens du Roi, qui, au lieu de les rompre, doivent les défendre. Le Législateur l'a opposée à l'opiniâtreté des Plaideurs, pour le repos des Citoyens, & afin que les procès ne puissent plus se renouveller, *ut sit in litibus finis*.

Troisième contravention.

Une *troisième contravention* est prise de l'art. 8 de la Déclaration du 21 Septembre 1713, portant que » le Procureur » Général de la Cour des Aydes de Montpellier ne pourra » former opposition aux arrêts & dénombremens rendus à » Sa Majesté, *ni se pourvoir contre les arrêts & transactions*, » qui pourront être opposés à ses blâmes, *que lorsqu'il prou-* » *vera la roture des biens y énoncés* par des actes qui n'auront

(1) *Ab executione non appellatur; post rem judicatam nihil quæritur: exceptio rei judicatæ obstat . . . inter easdem personas, eadem quæstio revocatur. Nec enim instaurari finita rerum judicatarum patitur autoritas.* Ces axiomes de droit ne font que faire ressortir davantage les contraventions que renferme l'Arrêt du 5 Mai 1752.

» pas été *vus* lors desdits arrêts & transactions ; *conformé-* » *ment à la Déclaration du 30 Août 1707.*

M. le Procureur Général & les Maire-Consuls sont contrevenus directement à la disposition de cette Loi, en s'étayant de la chartre de 933 pour attaquer les arrêts de 1556. On a déjà vu que cette chartre avoit été *vue* & discutée dans tous les Jugemens & actes antérieurs, & principalement dans les arrêts de 1556. Cette contravention est si formelle, qu'elle doit en définitive, lors du Jugement de l'Instance en opposition à l'arrêt du Conseil du 24 Avril 1758, opérer la cassation pure & simple de celui du 5 Mai 1752. La restriction que contient l'arrêt de cassation, porte qu'il annulle celui du 5 Mai 1752, *en ce qu'il a ordonné l'exécution de l'arrêt de 1733.* Elle marque avec éclat que sur la représentation de la chartre de 933, les biens de Saint-Pierre ne pouvoient pas être additionnés au compoix, ni les arrêts de 1556 être anéantis sur le vû de cette piéce tant de fois visée & revisée : mais cette restriction flatte M. le Procureur Géneral, en ce qu'il en conclut qu'il a pu former opposition à ces arrêts, sous prétexte qu'ils ne font pas mention que les Gens du Roi y ayent été ouis. Il n'y a point d'arrêt de la Cour des Aydes rendu depuis sa création jusqu'en 1667, qu'il ne puisse attaquer, sous le même prétexte : mais ce prétexte est si frivole, qu'il n'est pas proposable (1). La force des Loix, le développement qu'on a fait de la futilité de l'illusion du défaut du Ministère public dans le seizième siécle, doivent faire évanouir pour toujours l'arrêt de 1752, en rendant à ceux de 1556 leur autorité & toute leur force *.

(2) V. la Note 6 sur la Procédure de la Cour des Aides.

* Voyez *supra*, section 5, extinction du troisiéme moyen, pag. 39, & les remarques sur le §. 8, part. 4 de l'examen du Recueil des loix sur la nobilité des fonds.

Une *quatrième contravention* aux Ordonnances s'éleve de ce que la Cour des Aydes, dans l'arrêt du 5 Mai 1752, *a confondu le refcindant avec le refcifoire*. Ce vice infecte toute la procédure. Quatrième contravention.

Par une première difpofition cet arrêt ordonne que *celui du 28 Mai 1733 fera exécuté felon fa forme & teneur*, c'eft-à-dire que les biens de Saint-Pierre feront ajoutés au cadaftre roturier, & que le Chapitre en payera la taille: c'eft précifement le fonds ou *le refcifoire*.

Par une autre difpofition ultérieure, cet arrêt *remet les Parties au même état qu'elles étoient avant les arrêts de 1556*. N'eft-ce pas le refcindant?

Cet arrêt n'eft à proprement parler qu'un tiffu d'irrégularités, de contraventions & de contradictions. D'un côté, il remet les Parties au même état qu'elles étoient avant les arrêts de 1556. Il femble d'abord que l'arrêt de 1733 fe trouve emporté dans une efpace de 198 ans; point du tout, il en ordonne l'exécution en plein.

D'autre part, la refcifion ne porte que fur les arrêts de 1556. La Cour des Aydes a donc tacitement approuvé la tranfaction de 1608, & la délibération de 1609, & elle n'a pû s'empêcher d'avoir égard à l'arrêt du Confeil de 1610, qui homologue ces actes qu'elle a eu fous fes yeux.

Ces actes, fuffent-ils fufceptibles de nullité, comme ils ne le font pas, la Cour des Aydes ne pouvoit pas s'en occuper *in mente*, parce que la nullité des actes & des arrêts contradictoires ou de confentement, ne doivent jamais être connues que par les lettres de bénéfice, ou de reftitution du Prince.

L'arrêt de 1751, qni portoit les mêmes difpofitions que celui de 1733, fut retracté par l'arrêt de 5 Mai 1752, qui ordonna en même-temps l'exécution de celui de 1733. Ce n'étoit pas la peine de revoquer l'un, puisque l'autre contenoit les mêmes dispositions. Tant de contradictions & d'infractions aux règles du droit public, doivent opérer la cassation pure & simple de l'arrêt du 5 Mai 1712, qui se perd dans les ruines de celui de 1733.

SECTION XI.

Troisième Moyen de Cassation.

Contre l'Arrêt définitif du 23 Décembre 1755.

Ce moyen consiste : 1°. dans la contravention à la Déclaration du Roi *du 9 Août 1564*, qui » ordonne que dans les » cas & matières où les Parties fonderont leurs prétentions » sur piéces, elles feront tenues, pour l'abréviation de leurs » défenses, de *les exhiber & communiquer à la première assi-* » *gnation*, sans qu'ils puissent être reçus par les Juges à passer » outre, avant ladite exhibition & communication ; & pour » y satisfaire par le Demandeur, *ne lui sera baillé aucun délai.*

2°. *L'art. 6 du tit. 2 de l'Ordonnance de 1667*, porte que » les Demandeurs seront tenus de faire donner dans la même » feuille ou cahier de l'Exploit, copie des piéces sur les» quelles la demande est fondée.

Puisque les Ordonnances veulent qu'il soit donné copie des piéces sur lesquelles la demande est fondée ; à plus forte raison les Parties, en Languedoc, sont-elles tenues de les produire en forme, & de les communiquer suivant l'arrêt de Réglement du Parlement de Toulouse du 21 Mai 1668, observé à la Cour des Aydes de Montpellier ? Cet usage est constamment suivi dans tous les Tribunaux du Royaume.

La communication des piéces doit être libre, facile & ouverte à toutes les Parties ; elle est indispensable pour prévenir les abus, les surprises, & empêcher que les Parties ne glissent dans les Procès des actes contraires à la vérité, pour en imposer aux Juges. Les piéces doivent donc leur être communes, afin qu'elles puissent les mettre sous les yeux d'un Conseil sage & éclairé pour discuter leurs raisons.

Dans un inventaire du 7 Juin 1753 les Maire & Consuls avoient produit des piéces informes & extrajudiciaires: 1°. *d'une prétendue enquête de l'année 1296*, sur le droit d'établir 1296.
des gardes des fruits, de connoître du dommage ou dégât fait par les bestiaux, des défenses de les faire paître dans certaines saisons de l'année, & de régler le temps de la dépaissance.

2°. D'un *acte de 1298* que les Maire & Consuls font va- 1298.
loir au Conseil comme une *transaction*, tandis que ce n'est qu'une *redaction des protestations respectives du Clergé & des Consuls de Beziers*, au sujet des contributions municipales.

3°. *Des Lettres* du grand Sceau prises par les Consuls Idem.
en *1298* (1), par lesquelles le Roi, *sur leur exposé*, mande au Sénéchal que *s'il lui appert de la vérité des faits*, il fasse payer par les Ecclésiastiques les charges réelles des biens qui leur *étoient échus*, & qui avoient accoutumé de les payer *ab antiquo*; & ce, *pour les réparations des portes, des fossés & murs de la Ville*, ausquelles tout bien est sujet (2).

---

(1) Il n'y avoit pas alors d'autre Sceau.

(2) Cette contribution n'est pas tant une exaction publique, qu'une imposition nécessaire & particuliere pour la conservation des fonds, & pour la propre commodité des Habitans de la Ville. *Thomassin de la Discipline Ecclésiastique*, part. 3, Liv. 1, ch. 36, n. 4, p. 282. *Possessiones ad religiosa loca pertinentes nullam descriptionem agnoscant, nisi ad constitutionem viarum & pontium, si tamen intra eadem loca ha-*

Quoique ces piéces ne fissent aucune mention des biens de Saint-Pierre, ni de la Taille royale, puisqu'elle n'existoit pas, ni d'aucune autre sorte d'imposition générale, quoiqu'elles fussent absolument étrangères à la question de nobilité de ces biens, ainsi qu'un nombre d'autres (3); le Chapitre désira d'en voir les originaux; parce que ce n'est que sur l'idée qu'ils avoient donné au Public de ces piéces prétendues nouvellement recouvrées, & qu'ils avoient annoncées au Conseil d'E-

---

buerunt possessiones : in aliis vero omnibus habeant integram immunitatem. Capitul 109, L. 6. On ne peut rien souhaiter de plus clair ni de plus précis: l'exception qui est faite des ponts & des chemins, est une cnofirmation de la régle générale de l'exemption. Les biens du domaine des Empereurs n'étoient pas plus exempts de la contribution aux réparations des ponts & chemins, que ceux de l'Eglise. *Cujas* au code de Just. tit. 45, p. 503, tom. 2.

Pour effacer les couleurs dont le Syndic & les Maire & Consuls ont voulu nuancer ces piéces, afin de leur donner quelque apparence, il n'y a qu'à voir *l'Histoire de Languedoc*, *tom. 4*, *p. 42*, où il est dit qu'au mois de Juillet 1483, » les Consuls de Béziers demanderent au » *Parlement* que *les Clercs mariés* qui ne vivroient pas cléricalement, qui » exerçoient quelque art méchanique, fussent tenus de contribuer au » don du Roi & autres impositions, pour raison des possessions qu'ils » avoient acquises, qui leur étoient propres, indépendantes de l'E- » glise, & qui contribuoient auparavant à ces mêmes impositions ». Rien de plus juste; mais cette supplique n'attaque nullement les biens dépendans & possédés par l'Eglise même. Les Prêtres de nos jours, qui ne sont ni mariés ni commerçans, & qui vivent très-cléricalement, paient sans difficulté les charges de leurs biens patrimonaux indépendans de l'Eglise; à plus forte raison des Clercs mariés négocians, & qui ne desservoient point l'Eglise, devoient-ils être soumis à ces mêmes charges publiques? Cependant *le Parlement* ne décida rien; il répondit seulement *qu'il y seroit pourvu à Toulouse* On voit clairement qu'il n'étoit point du tout question de faire contribuer les biens appartenans aux Eglises, & qui composoient la Mense Cathédrale.

(3) Les Maire & Consuls ont encore produit dans cette instance une copie informe de chacune de ces piéces, dont ils n'ont pu faire aucun usage contre la nobilité des biens de S. Pierre. M. l'Avocat général a avoué leur inutilité dans ses conclusions.

tat comme déclaratoires de roture, qu'ils avoient obtenu en partie le renvoi à la Cour des Aydes. Ce n'eſt auſſi qu'avec *ces piéces inutiles dans le fait*, qu'ils avoient préparé les eſprits en faveur de leur Requête civile.

Le Chapitre étoit inſtruit que ces prétendus originaux étoient dans le plus grand déſordre, alterés, interlignés, raturés, déchirés, & enfin ſuſceptibles des marques évidentes de faux; raiſon de plus d'inſiſter à leur communication. Mais n'ayant pu l'obtenir de bon gré, le Chapitre s'attacha par ſes Requêtes *des 23 Janvier 1754 & 17 Décembre 1755* à demander la rejection des copies produites ſous lettres FF. GG. HH.

Pour échapper à cette demande, les Maire & Conſuls firent remettre de la main à la main, ces prétendus originaux *à M. de Saint-Aurans*, *Rapporteur*, ſans production nouvelle, le Procès étant ſur le Bureau. L'arrêt définitif eſt *du 23 Décembre 1755*. La dernière Requête en rejection des copies eſt du 17 du même mois. C'eſt au moyen de cette remiſe ſecrette & illégale que la Cour des Aydes prononça ainſi: *ſur la demande en rejection, du Syndic du Chapitre, de l'enquête de 1296, TENANT LA REMISE DES ORIGINAUX DESDITS ACTES, a mis les Parties hors de Cour & de Procès.*

N'eſt-ce pas enfreindre les règles les plus ſacrées de l'Ordre judiciaire? Le Rapporteur ne pouvoit recevoir les originaux de ces piéces, ni en faire aucun uſage, à moins qu'elles ne fuſſent ſans vice & conſignées dans une production nouvelle, ſignifiée au Procureur du Chapitre. Par la même raiſon la Cour des Aydes ne pouvoit ſuppléer à cette production, ni tenir d'office, *la remiſe* furtive de ces prétendus originaux.

Le Rapporteur n'ignoroit point combien cette communication intéreſſoit le Chapitre, puiſqu'il avoit lui-même répondu ſes Requêtes en rejection, & ſouvent écouté ſes plaintes à ce sujet. La connoissance, qu'il eut lui-même de l'informité de ces piéces, devoit être un motif de plus pour en procurer la communication au Chapitre, ou pour les rejetter.

Les Maire & Consuls ne pouvant résister à ce moyen que par la *négative*, ont prétendu qu'il portoit *à faux :* 1°. Parce qu'ils n'avoient pas dit dans leur Requête au Conseil *du 15 Janvier 1759*, que » si le Chapitre les eût sommé de leur » donner copie des prétendues piéces nouvelles, ils l'auroient » fait «. 2°. Parce que les piéces produites dans l'inventaire du 7 Juin 1753, sous lettres FF. GG. HH. n'étoient pas des copies, mais des piéces originales que le Chapitre avoit gardées en communication pendant 20 jours. 3°. Parce que suivant le certificat du sieur *Azais*, Notaire de Beziers, le Chapitre en avoit eu connoissance.

C'est prendre condamnation bien clairement par les preuves littérales du contraire.

En *premier lieu*, il n'y a qu'à jetter les yeux sur la Requête des Maire & Consuls du 15 Janv. 1759, *pag. 13*, *ligne 28*, pour y lire mot à mot ce qu'ils nient formellement dans leur Requête imprimée du 14 Septembre suivant ; *ce n'est pas la Cour des Aydes* (disent-ils dans leur première) *qui a contrevenu à l'Ordonnance, ce sont les Parties elles-mêmes : c'étoit au Chapitre à sommer les Supplians de lui donner les copies dont il s'agit, les Supplians l'auroient fait.*

N'est-ce pas bien convenir, dans *leur première Requête*, que le Chapitre n'a eu aucune connoissance des originaux ? Puisqu'ils lui en eussent donné copie, *s'il les en eût requis.* Dans leur *seconde*, ils prétendent au contraire que le Chapitre les a gardés 20 jours en communication ; & prévoyant que la dénégation de leur première n'étoit pas assez préparée, ils se ſe ſont expoſés, juſques au point de dire que la groſſe ne contient pas l'aveu ſincère qu'ils n'ont jamais produit les originaux vis-à-vis du Chapitre. En auroit-on changé quelque feuille ? Le Chapitre ſçait à quoi s'en tenir ; la diſcuſſion en eſt inutile. On eſt inſtruit par l'uſage qu'un Copiſte aſpire plutôt à finir ſon travail, qu'il ne penſe à le prolonger & à perdre ſon temps en des réflexions inutiles qui ne l'intéreſſent point. Il ſuffit que l'Avocat des Maire & Conſuls ait ſigné la copie de la Requête ſignifiée à celui du Chapitre, & qu'il ſoit de règle qu'elle doit leur tenir lieu d'original, pour que la dénégation des Maire & Conſuls ſoit caractériſée de mauvaiſe foi.

A l'égard de la *ſommation de communiquer*; y en a-t-il de plus préciſe & de plus expreſſe que celle qui réſulte des Requêtes en rejection des copies, faute de produire les prétendus originaux, ou du moins des extraits collationnés, Parties préſentes, ou duement appellées ? il n'y a donc pas d'oubli à cet égard de la part du Chapitre.

Les Maire & Conſuls diſent que ce n'eſt pas *la Cour des Aydes qui a contrevenu à l'Ordonnance*, mais que *ce ſont les Parties*. De quelque part que dérive la contravention, elle exiſte ; le Jugement qui la renferme ne peut donc ſubſiſter. Du reſte on leur demande quelle eſt celle des Parties qui a manqué à l'Ordonnance ? Ce n'eſt certainement pas le Chapitre qui n'a ceſſé de demander après la communication des prétendus originaux. Ce ſont donc les Maire & Conſuls, puiſqu'ils ont refuſé de les produire. Forcés juſques dans leur dernier retranchement, il faut qu'ils avouent encore que dans le deſſein de nuire au Chapitre, ils ont abandonné les règles de la Procédure, & que leur contravention a été canoniſée par *le fait du Juge*, lorſqu'il a tenu *d'Office* la remiſe des originaux, c'eſt-à-dire, ſans production nouvelle.

En *ſecond lieu*; plusieurs raiſons de fait concourent à prouver que les Maire & Conſuls n'ont jamais produit ces originaux ; il n'y a qu'à faire attention 1°. à ce qu'ils disent dans leur 1re Requête que *ſi le Chapitre les eût ſommés de lui endonner copie, ils l'auroient fait.* 2°. A leur production du 7 Juin 1753, lors de la communication de laquelle & au mois de Janvier 1754, le Chapitre donna une Requête en rejection des piéces cotées FF. GG. HH. qu'il déſigna *copies informes, extrajudiciaires & indignes de foi :* qualités que le Maire & Conſuls n'ont pû conteſter à la Cour des Aydes, & que le Chapitre a répétées amèrement, le Procès étant ſur le Bureau, par ſa Requête du 17 Décembre 1755.

Si ces copies produites en 1753 euſſent été les originaux, (comme les Maire Conſuls le ſuppoſent dans leur dernière Requête) eſt-il vraiſemblable que le Chapitre les eût encore déſignées *copies informes*, & qu'il en eût demandé la rejection avec tant d'inſtance juſqu'à la ſignature de l'arrêt ? Le Rapporteur inſtruit du Procès, auroit-il répondu & ſigné les Requêtes en rejection, & ſur-tout la dernière, dans le temps qu'il faiſoit le rapport & la vérification du Procès ? La Cour des Aydes ſe feroit-elle exprimée ainſi : *tenant la remiſe* des originaux ? N'auroit-elle pas plutôt prononcé par un *debouté* de la demande en rejection ? *Le hors de Cour* n'a eu pour prétexte que la remiſe clandeſtinement faite de ces mêmes originaux entre les mains du Rapporteur, à l'avant-dernière ſéance du Jugement. S'ils n'euſſent point été altérés, les Maire & Conſuls n'auroient fait aucune difficulté de les produire & de les communiquer, ou du moins les produiroient-ils dans cette inſtance au Conſeil ?

Le Chapitre devoit réuſſir dans ſa demande en rejection ſans detour, ou la Cour des Aydes devoit l'en débouter ſans égard; il n'y avoit pas de milieu. C'étoit une exception préliminaire qui étoit aux piéces produites, ce qu'eſt un reproche contre un témoin. C'eſt pourquoi le Parlement de Toulouſe commence toujours dans le diſpoſitif de ſes Arrêts par ſtatuer ſur les demandes en rejection des piéces, de la même manière qu'il juge les reproches contre les témoins, avant de prononcer ſur le fonds, conformément *à l'article 6 du titre 23 de l'Ordonn. de 1667*. La Cour des Aydes de Languedoc doit en faire de même, quand elle veut ſuivre les règles?

En *troiſième lieu*, le certificat que les Maire & Conſuls ont mandié du ſieur *Azais*, Notaire, du 30 Mai 1760, ne mérite pas les regards de la Juſtice. Ils lui font dire qu'il a fait des extraits des piéces en queſtion, & que *M. Valadon* qu'ils qualifient de Syndic du Chapitre en a eu viſion. Peut-on s'attacher ainſi aux branches pour couvrir le défaut du tronc.

M. Valadon n'a jamais été Syndic du Chapitre (4); il ne ſe donnoit pas même la peine d'entrer dans ſes délibérations, & il n'a jamais eu aucune commiſſion ni geſtion de ſes affaires. Ce ſont ordinairement les deux Prévôts que le Chapitre nomme tous les ans, & qu'il choiſit toujours parmi les Dignitaires & les Chanoines, qui entrent au Conſeil de l'Hôtel de Ville, qui dirigent & adminiſtrent toutes les affaires du Chapitre. *M. Valadon* a pû aſſiſter à quelques délibérations de la Communauté en toute autre qualité que celle de Prévôt; & il ſe peut que le ſieur *Azais* y ait comparu auſſi pour remettre aux Maire & Conſuls les extraits qu'ils l'avoient chargé de tirer de ces piéces *avant l'inſtruction du Procès*, & ſans aucune forme de Juſtice : il ſe peut encore que M. Va-

---

(4) M. *Valadon* a été Syndic des intérêts & affaires particulieres concernant les Bénéficiers du bas Chœur, dont il eſt un des membres; mais ſes pouvoirs ne s'étendent point au-delà de la diviſion de fruits concernant ces mêmes Bénéficiers. L'adminiſtration générale réſide dans les deux Prévôts.

ladon ait alors vû passagerement, comme les autres Citoyens qui se trouverent à l'Assemblée, ces *extraits*, même les originaux & toutes les fausses batteries que l'on dressoit contre le Chapitre; mais il put s'appercevoir aussi que ces piéces étoient infectées des marques éclatantes de faux par des ratures, des interlignes & des additions toutes fraiches: motif réel pour faire insister le Chapitre à en demander la production & la communication. Quand *M. Valadon* auroit vû ces prétendus originaux, de cette manière, s'ensuivroit-il que ce fût une communication légale qui supplée à celle que la Loi ordonne dans l'instruction du Procès, où toutes les piéces doivent être communes aux Parties, & produites en forme? Cette vision imaginaire peut-elle remplir le vuide qu'elle fait dans la procédure?

Quelle inconséquence, enfin, ne résulte-t-il pas de l'arrêt définitif? On a vû dans le fait que l'arrêt du 5 Mai 1752. *avoit remis les parties au même état qu'elles étoient avant l'arrêt de 1556.* En supposant que cette disposition fût régulière, l'arrêt définitif devoit donc juger l'appel interjetté par les Consuls en 1555. de la Sentence de 1485. & la rescision de la transaction de 1531. sur lesquels objets, avoient été rendus les arrêts de 1556: mais on s'est bien gardé de suivre ces anciens erremens; les Maire-Consuls n'auroient pû remplir leur projet.

Non seulement cette sentence, l'arrêt du Parlement de Toulouse qui la confirme & cette transaction subsistent & s'opposent à la disposition de l'arrêt du 23 Décembre 1755; mais ils sont encore appuyés par la Sentence de 1281. par la transaction de 1608. par la délibération générale de 1609. & par l'arrêt du Conseil qui les homologue en 1610*. Ces sen-

* Arrêt du Conseil semblable à celui de 1751, qui renvoyoit à la Table de Marbre de Dijon, les contestations en matiere *de Forêts*, entre M. l'Archevêque de Lyon & M. l'Evêque d'Autun, circonstances

tences plus que passées en force de chose jugée, ces actes & ces arrêts déclarent les biens de S. Pierre nobles ; l'arrêt de 1755. les fait roturiers ; les uns attestent solemnellement leur franchise, l'autre la détruit sans motif ni fondement. Cette contradiction peut-elle subsister dans l'ordre de la justice ?

C'est donc ici le cas où les Maire-Consuls peuvent avouer que cette irrégularité de n'avoir pas suivi les erremens de la procédure sur laquelle étoient intervenus les arrêts de 1556, est de leur *propre fait*, autant que de celui du Juge. Le vû de l'arrêt de 1755, au lieu de débuter par l'histoire de l'ancienne procédure, commence ainsi : „ *Entre les Maire-Con-* „ *suls de Béziers supplians par Requête du 4 Septembre 1757.* „ *tendante à ce que le domaine de S. Pierre soit déclaré définitive-* „ *ment roturier*, qu'il soit ordonné que comme tel, il contri- „ buera à toutes les impositions.

Quel éloignement des anciens erremens ! C'est-à-dire de l'appel de la sentence de 1485. & de la rescision de la transaction de 1531. Les Maire & Consuls s'en sont constamment tenus jusqu'à l'arrêt définitif aux mêmes conclusions qu'ils avoient prises dans leur Requête du 4 Septembre 1751, nonobstant la suppression par eux obtenue des arrêts de 1556. par l'arrêt singulier du 5 Mai 1752.

M. l'Avocat Général, après qu'il a eu renversé ces mêmes arrêts sous prétexte de son opposition, ne s'est pas rappellé

& dépendances. Précédemment, il y en avoit eu un autre pareil à celui de 1610, qui confirmoit des actes & mettoit fin à des contestations sur le même objet. Jugement de cette Table qui, sous prétexte du renvoi des *circonstances*, rejuge les objets confirmés & décidés par le Conseil, ainsi que ceux qui avoient donné lieu au renvoi. *Arrêt contradictoire au mois de Mars 1766 qui casse ce Jugement pour avoir porté sa connoissance au-delà des objets jugés & confirmés par le Conseil.* C'est ici la même espece : la Cour des Aides a violé & anéanti, sans motif, l'Arrêt du Conseil de 1610.

non plus, dans ses fameuses conclusions imprimées, de traiter & conclure sur les objets qui les avoient précédés. La Cour des Aydes, au lieu de suivre elle-même les mêmes erremens de son ancienne procédure, s'est laissé entraîner dans l'erreur de la nouvelle demande des Maire & Consuls, c'est le comble de l'irrégularité.

Sur les arrérages des tailles, cette Cour ne s'est encore prescrite que des regles arbitraires : Ou elle devoit les adjuger de 29. années avant l'arrêt de 1733, s'il étoit régulier ; ou elle ne pouvoit les fixer qu'à pareil tems de 29. ans avant l'arrêt du 5 Mai 1752. qui rompt les arrêts de 1556, si celui de 1733. ne formoit point l'origine de la demande, ainsi qu'elle l'a préjugée. Elle n'a fait ni l'un ni l'autre : en adjugeant aux Maire & Consuls 29 années d'arrérages, avant le 9 Septembre 1751, date de la signification de leur premiere Requête, elle a reconnu que l'arrêt de 1733. avoit été mal rendu. Pourquoi en ordonnoit-elle l'exécution par celui de 1752 ?

Le Chapitre pourroit faire réduire non seulement ces arrérages à un moindre tems *, s'il avoit à craindre de subir une condamnation aussi injuste ; mais encore au quart, la liquidation qui a été faite de ces mêmes arrérages ; parce que les Maire & Consuls ont fait faire l'estimation des biens de S. Pierre, relativement aux intérês des Entrepreneurs de ce procès, par des Experts à leur dévotion, dont l'ouvrage est si inique, qu'il est de notoriété publique que ces biens ne forment pas la centième partie du Territoire de la Communauté, & que ce même Territoire ne paye que 100000 liv. de charges ; tandis que les biens de S. Pierre ont été allivrés sur le pied de près de 4500 liv. par an, au lieu de 1000 liv.

Au surplus les titres du Chapitre ne sont point équivoques : ils forment une chaîne non interrompue qui constate sa bonne

* L'Arrêt de la Cour des Aides du 26 Mai 1756, comprend deux années huit mois neuf jours dans la liquidation, outre les 29 années.

foi ; la Cour des Aydes devoit faire un acte de justice, y avoir égard & le décharger de tous ces arrérages qui ont fait dans l'origine le motif de ce procès. La loi n'en prononce la condamnation que contre les possesseurs de mauvaise foi.

Le Chapitre pourroit enfin fortifier ce moyen par le refus qu'a fait la Cour des Aides de *viser* dans son arrêt définitif celui du Conseil du 26 *Avril* 1610. qui a été produit par le Chapitre : Est ce mépris, ou attentat à l'autorité suprême ? ou bien seroit-ce qu'il étoit plus facile de le passer sous silence, que d'y toucher ? Il est vrai qu'il étoit embarrassant.

SECTION XII.

Quatrième moyen de Cassation.

L'arrêt du 23 Décembre 1755. a directement contrevenu aux articles 3 & 4 de la déclaration du Roi du 9 Octobre 1684, en déclarant roturier, sans titre ni motif, les biens de S. Pierre, non seulement *présumés*, mais très-*décidés nobles*, dépendans d'une Cathédrale & originairement attachés à une Paroisse.

L'article 3 de cette déclaration porte que „ les biens dé„ pendans des *Eglises principales*, *comme Cathedrales seront* „ *censés & présumés nobles*, s'il n'est *justifié par* le contrat d'ac„ quisition ou autres actes de la roture desdits biens. „ il faut que le contrat ou d'autres actes en expriment la roture.

L'article 4 ordonne que „ seront pareillement *présumés no*„ *bles*, les biens dépendans des *Eglises paroissiales*.

Suivant les ordonnances de 1446. 1464. & 1483. 1501. 1535. 1540. & 1543. rapportées par Philippi, les premieres loix sur les tailles de Languedoc, loix seules vivantes lors de la sentence de 1485. il n'y avoit que les biens dont les possesseurs avoient ci-devant payé les *Aides*, & qui étoient compris dans le cadastre qui y fussent sujets. Or ceux de l'Eglise de S. Pierre n'avoient non seulement jamais été contribuables, mais ils n'avoient pas été non plus encadastrés ; ils en étoient donc exempts.

Le Syndic, les Maire & Consuls n'emploient d'autres armes que la chartre de 933. pour combattre ce moyen. L'arrêt du Conseil du 24 Avril 1758. décide que cette chartre n'est ni une piece nouvellement recouvrée, (ce fait est prouvé) ni une piece déclaratoire de roture : c'est ce qui est démontré (1).

S'il falloit abandonner les loix qui autorisent la présomption de nobilité pour se conformer au systême du Syndic, la possession des Eglises ni des Seigneurs Justiciers, ne seroit plus qu'une indice inutile pour établir la présomption de nobilité ; les Eglises seroient obligées non seulement de rapporter des aveux, des hommages & des dénombremens, mais encore, d'avoir la justice sur leurs biens. Ces titres de féodalité prouveroient plus que la présomption, puisqu'ils constateroient essentiellement la nobilité même. Il eût été superflu que les ordonnances & les déclarations de nos Rois eussent décidé formellement de la présomption de nobilité *par la seule possession des Eglises*, & qu'elles eussent *ordonné* dans toutes leurs dispositions *que tous les biens possédés par les Eglises seront présumés nobles*, s'il n'y a preuve contraire. A quoi bon la déclaration de 1721 ? Auroit-elle *arrêté l'abus que faisoient plusieurs Communautés d'attaquer sans formalité les biens fondés en présomption de nobilité*, sous *prétexte* que les possesseurs ne rapportoient point des hommages des *dénombremens* & autres actes de féodalité.

L'article 8 de la déclaration de 1684 veut que „ les inféodations

(1) Voyez le premier moyen de cassation, p. 61 & suiv.

„ dations faites par les Eglises, *les biens par elles donnés noblement*, „ ayent le même privilége de nobilité que ceux accordés ou „ donnés par nos Rois, quand même les possesseurs des- „ dits biens n'auroient aucune *portion de justice*. „ (2) Il seroit singulier que l'Eglise transmît à un tiers, un privilége d'exemption aussi éminent, & qu'elle n'en jouit pas elle-même pour ses propres biens. L'arrêt rendu par la Cour des Aides de Monpellier au mois de Février 1634. entre le Commandeur de *Doms* & les Consul de *Lauzac*, n'a-t-il pas déclaré noble une *condamine* possédée par ce Commandeur, faute par les Consuls d'avoir prouvé qu'elle avoit été *cotisée auparavant & acquise d'un roturier*. (3)

Mais, pourquoi s'occuper des actes de féodalité pour établir la présomption de nobilité des biens de S. Pierre ? Les Maire & Consuls font un aveu qu'il faut leur donner pour solution. Ils disent *pag.* 27. de leur Requête que les *biens de l'Eglise étoient déclarés immunes de cela seul qu'ils n'avoient jamais été cotisés, quoiqu'ils n'eussent aucun caractère de féodalité*. Fut-il rien de plus précis ?

Il est vrai que M. l'Avocat Général, *pag.* 15 *de ses conclusions*, avance que les biens de S. Pierre avoient été cottisés en 1295. pour la *Taille Royale*. Ce fait sur la cottisation est très-faux, & la dénomination de Taille Royale est une erreur plus que grossiere, puisque la Taille Royale n'existoit pas encore. Quelqu'admirable que fût l'idée de M. l'Avocat Général, le Syndic ni les Maire & Consuls n'ont pas osé l'adopter pour for-

(2) Telle doit être la Jurisprudence de la Cour des Aides de Montpellier, attesté par *Despeisses*, tom 4, tit. 11, art. 14, sect. 2, n°. 52.

(3) Voyez *Despeisses ibid.* n°. 51, où il cite *Benedictus, in cap. rayuntices inv. & uxorem*, n. 595, & *Ranchin sur Gui Pape, quest.* 79.

tifier leur ſyſtême, tant elle eſt inſuportable. La prétendue Enquête de l'an 1296, de laquelle il ſemble avoir humé cette vapeur, porte que „ *les biens patrimoniaux* des Eccléſiaſtiques, „ (& non de *l'égliſe*) furent taxés pour la réparation des murs „ & foſſés de la ville. „ Outre que ce n'étoit pas pour la Taille Royale, c'eſt que ſuivant la dépoſition des témoins, les biens, qui furent impoſés, étoient indépendans de l'Egliſe, & propres à chacun des Eccléſiaſtiques *dénommés* en l'Enquête. La copie, qu'on vient de faire imprimer au nom des Conſuls, eſt couſue d'infidélités, de ſuppreſſions & d'additions.

Quoique les Maire & Conſuls n'ayent pas adopté l'erreur de M. l'Avocat Général, ils n'ont pas craint pag. 21 de leur Requête d'hazarder un autre fait à peu près du même poids: ſavoir, que le Chapitre avoit payé la Taille des biens de Saint-Pierre depuis les arrêts de 1556 ſur le compois rayé de 1555 juſqu'en 1606.

Ce fait eſt ſi évidemment faux, qu'ils adminiſtrent eux-mêmes la preuve du contraire. Elle réſulte de la vingt unième piece qu'ils ont produite, lors de leur première Requête. Cette piece contient la décharge qui fut faite au Chapitre en 1556, de toute impoſition pour les biens de S. Pierre par un Commiſſaire de la Cour des Aydes, qui, en exécution des arrêts de la même année, les raya du compois de 1555. Le Chapitre défie les Maire-Conſuls de juſtifier d'aucune ſorte de payement des Tailles, depuis que ce compois fut rayé & annullé juſqu'à ſon renouvellement en 1605. Pour répondre à ce défi, ils auroient beſoin de rapporter un cadaſtre poſtérieur à celui de 1555. & antérieur à celui de 1605, dans lequel fuſſent compris *librement* les biens de S. Pierre; & d'après lequel le Chapitre en eût payé la Taille. Mais c'eſt à quoi ils n'ont encore pu parvenir, & à quoi ils ne parviendront jamais: la raiſon en est simple. Anciennement on ne comprenoit dans les cadastres ni les biens nobles des laïques, ni les biens purement Ecclésiastiques; il ne faut savoir de quoi faire fléche que de tenter de faire usage des compois de 1555. & de 1605, comme des actes libres & existans, tandis que le premier a été juridiquement annullé & rayé par deux arrêts contradictoires, & l'autre par des actes authentiques, passés en exécution de ces mêmes arrêts, & homologués par le Conseil d'État; tandis qu'aucun de ces compois n'ont jamais eû aucun effet. Ce n'est pas par des cadastres proscrits, rayés & annullés par la justice; mais par des compois subsistans & innattaquables, qu'on doit prouver la libre cotisation. La rayure juridique rend au contraire très-évidens le vice & la témérité de ces entreprises.

Pour constater la présomption de nobilité des biens de Saint-Pierre, le Chapitre n'auroit donc besoin que d'employer sa propre jouissance. Mais il a fait plus, puisqu'il a rapporté des titres; outre la chartre de 933, il en a produit un autre de 1203. une sentence contradictoire de 1281, qui „ suivant M. l'Avocat Général *pag. 15 de ses conclusions* mérite d'être remarquée comme formant une preuve parfaite de leur franchise; une autre Sentence de 1485. des arrêts de 1486. 1556. 1610. & 1742. des actes *ad hoc* des années 1097. 1148. 1207. 1377. 1413. 1421. 1445. 1460. 1567. 1569, 1595. 1608. 1609. & 1627. qui établissent sans réplique la nobilité des biens de S. Pierre.

Suivant *Philippi*, (4) un seul hommage suffit pour prouver qu'une terre est noble & exempte de Taille. Outre le dénom-

(4) Art. 31, pag. 41.

brement de 1485. que le Chapitre rendit au Parlement de Toulouſe, dans lequel, ſont compris les biens de S. Pierre ſous le nom de *dîmerie de S. Pierre*; il en a produit un autre de l'année 1521. dans lequel tous ces mêmes biens ſont déſignés collectivement ſous le nom de *domaine noble qui* „*ſe nomme* (porte l'acte) *S. Pierre du bois*, *alias de Appullo* „ *qui eſt de* „ *toute ancienneté du dot & fondation de ladite Egliſe*, *enſemble* „ *ſes appartenances ſuivant un acte de plus de 400 ans*. (5) C'eſt la chartre de 933.

Si les Maire & Conſuls étoient capables de tenir parole, après avoir défié le Chapitre de rapporter un ſeul hommage ou dénombrement antérieur à la déclaration de 1684, après avoir produit eux-mêmes l'hommage de 1485, après avoir pris en communication à Montpellier le dénombrement de 1521; à moins qu'ils n'en comptent l'antiquité pour rien, ils devroient être plus que ſatisfaits. Au lieu d'un ſeul, il y en a deux, l'un ancien de plus de 239 ans à la déclaration de 1684, & l'autre de plus de 163 ans appuyés de titres authentiques. Les moteurs de cette affaire, ſeroient bien honorés de dater de ſi loin.

Tous les défis inconſidérés ne ſont pas acceptables, quand la paſſion eſt ſans bornes. Du moins le Syndic, les Maire & Conſuls ne devroient-ils pas s'écarter des principes généraux, & affecter d'ignorer que l'Egliſe eſt exempte d'hommager ou de dénombrer, & que les *droits féodaux* étoient preſque inconnus en 933. Les biens de S. Pierre formoient alors un aleu noble, exempt de toute ſorte de charges publiques

---

(5) Le Concile de Bourges définit les biens-fonds de l'Egliſe *fief* presbitérial, *ad inſtar* des anciens Bénéfices appellés *fiefs*.

& par conſéquent immunes de tous droits féodaux, puiſque c'étoit un *honneur*, un *fief eccléſiaſtique*, & que les droits emphitéotiques de vaſſelage n'étoient ni fixés, ni déterminés, pas même introduits avant le commencement du dixième ſiècle.

Dans le cas qu'ils ne ſoient pas d'humeur à ſe contenter de la production qu'ils font eux-mêmes de l'hommage de la *dîmerie de S. Pierre* rendu par le Chapitre au Parlement en 1485, ni du dénombrement de 1521 du *domaine noble* de ce nom qui eſt la même choſe, ni enfin de la vérité de l'exemption d'hommager & de dénombrer; le Chapitre leur apprend que ſon affranchiſſement eſt ſacré; puiſqu'il eſt fondé ſur des loix enregiſtrées tant au Parlement qu'aux Chambres des Comptes, & qu'il n'eſt, ſuivant ces mêmes Loix, tenu en aucune maniere de rappotter ni hommage ni dénombrement pour juſtifier la nobilité de ſes biens: (6) Il le répéte; ſa poſſeſſion ſuffit pour établir ſa préſomption. L'article 9 de la déclaration de 1684. ne porte ni contre l'Égliſe, ni contre les Seigneurs-Juſticiers; il ne concerne que les poſſeſſeurs des biens nobles qui ne ſont pas fondés en préſomption. Ce ſeroit manquer au principe que de la conteſter au Chapitre Cathédral de Beziers. Ce n'eſt par conſéquent pas à lui de rapporter des titres juſtificatifs de la nobilité de ſes biens; C'eſt au Maire & Conſuls à prouver par des titres non ſuſpects & *nouvellement recouvrés* que ces biens ſont roturiers. (7)

---

(6) Voyez les remarques ſur le §. 5. part. 5. de l'Examen du Recueil des Loix.

(7) *Deſpeiſſes ubi ſupra* rapporte un Arrêt contradictoire de la Cour des Aides de Montpellier du 14 Décembre 1620, qui décide que les

L'attribution de la Juſtice que les Conſuls oſent exiger, encore, vis-à-vis du Clergé, pour juſtifier la préſomption de nobilité, n'eſt pas plus néceſſaire à l'Egliſe que les hommages: il n'y a ni Loi ni Juriſprudence qui l'indique. La Déclaration de 1684 la rejette au contraire, en diſtinguant les biens des Cathédrales & des Paroiſſes, de ceux des Seigneurs, & en ordonnant, par l'art. 8, que les biens *donnés noblement par l'Egliſe*, auront le même privilége de nobilité que ceux donnés par nos Rois, quoique les poſſeſſeurs n'ayent *aucune portion & juſtice.*

Qu'a de commun, en effet, la *Juſtice* avec la Nobilité d'une terre, ou avec un fief dont l'origine ſe perd dans le cahos des tems qui ont précédé la Monarchie? Rien. La Juſtice s'étend ſur les fiefs, comme ſur les rotures & les francs-aleux qui, n'ayant point de Juſtice, doivent reconnoître celle du Territoire où ils ſont aſſis, ſoit qu'elle ſoit royale ou ſeigneuriale.

Dans toutes les mouvances un peu étendues, il y a des terres qualifiées *fiefs*, quoique ſans Juſtice. *La Normandie*, cette Province ſi vaſte, contient très-peu de terres en Juſtice. Dans tout le *Bearn*, il n'y a pas un ſeul fief avec Haute-Juſtice, ou qui ait, à proprement parler, la Juſtice ſeigneuriale. Au commencement de la Monarchie, les Juſtices ſeigneuriales étoient inconnues; [8] celles d'aujourd'hui ne ſont qu'une uſurpation faite ſur la royale. [9]

Egliſes d'*Annonai* ne ſont pas tenues de montrer les hommages, dénombremens & autres titres juſtificatifs de la nobilité de leurs biens. Et *faute* par les Conſuls d'*Annonai* d'avoir rapporté eux-mêmes des preuves qu'ils avoient été *cottiſés & acquis de gens roturiers*, par Arrêt du 13 Mai 1621, ces mêmes biens furent déclarés *nobles.*

(8) Mabli, tom. 1, ch. 3, aux preuves, n°. 5.

(9) *Id. ibid.* ch. 4.

„ La Justice est dans un état Monarchique, le principal „ fleuron de la Couronne; [10] *le Roi* est non-seulement le „ seul Juge supérieur, mais il est encore le seul Juge de ses „ Sujets. C'est la plus importante & la plus noble fonction de „ la Royauté : c'est comme Juges & non comme Guerriers „ que les Rois sont l'image de Dieu. Nos premiers Souve- „ rains exerçoient par eux-mêmes la Magistrature : ils l'exer- „ çoient encore dans les Tribunaux qui les représentent. La „ justice s'y rend à leur décharge en leur nom, & par un pou- „ voir dérivé d'eux : *Rex est fons omnis jurisdictionis.* [11] On „ sait que les Juges des fiefs portoient leurs prétentions jus- „ qu'à ne vouloir pas relever des Juges royaux : cela même „ prouveroit que ces Justices avoient été originairement usur- „ pées. „ [12] Il seroit à souhaiter qu'elles fussent, comme en Angleterre, toutes universellement réunies à la Couronne. On ne croit pas, qu'après ces anecdotes, le Syndic puisse prétendre davantage que la Justice doive être incorporée à la terre Ecclésiastique pour la faire présumer noble. Passons à la Jurisprudence sur la nobilité.

La disposition des Ordonnances de 1446, 1464, 1483, 1501, 1535, 1540 & 1543, renouvellées par les Déclarations de 1684, 1721 & 1741, étoit en pleine vigueur, lorsque la Cour des Aydes de Montpellier rendit les arrêts de 1556, qui déclarent *immunes les biens de St Pierre.*

---

(10) Baquet, des droits de Justice, ch. 1, p. 1.

(1) *Boutaric*, d'après *Dumoulin*, Traité des *Droits seigneuriaux*, part. 1. Lettres historiques sur le Parlement, p. 150.

(12) M. *le Marquis de Pompignan*, ancien Premier Président de la Cour des Aides de Montauban, l'un des Quarante de l'*Academie Françoise*.

Philippi, Président de cette Cour; qui exiſtoit alors; qui ne peut être ni contredit ni déſavoué, a eu ſoin de placer ces arrêts dans ſon recueil d'*arrêts de conſéquence*, pag. 16, art. 16, pour confirmer ce principe „ qu'il n'y a que les biens „ anciennement contribuables qui avoient été encadaſtrés, „ & enſuite acquis par les Egliſes, des gens *Laïs* & non no- „ bles qui doivent être ſoumis à la Taille; & que ceux an- „ ciennement attachés à l'Egliſe, & qui forment l'origine de „ leur dot, en ſont exempts.

Lorſque ces arrêts ont été rendus, la Cour des Aydes conſidéroit de plus près qu'elle ne fait à préſent, les motifs qui avoient donné lieu aux Ordonnances ſur les Tailles: elles ſont toutes viſées dans ces arrêts, de même que les cadaſtres, tant anciens que modernes, de la Communauté de Beziers, & tous les mêmes titres que le Chapitre a produits dans cette inſtance. Philippi n'auroit pas recueilli ces arrêts comme des *arrêts de conſéquence*, ſi cet Auteur célébre ne les eût crus juſtes & reguliers, & s'il n'eût regardé avec raiſon les biens énoncés dans la Chartre de 933, comme de la fondation de l'Egliſe Cathédrale de Beziers: les Sentences de 1281 & de 1485, l'avoient jugé de même.

Lebret, *action 39*, rapporte un arrêt du mois de Mars 1597, qui fit rayer du compoix de *Condom* les biens de Prouillan, pays de Taille réelle: cet arrêt eſt d'autant plus remarquable, que ces biens étoient originairement roturiers. Ils furent cependant déclarés *immunes & exempts de toute contribution*; de cela ſeul, qu'ils avoient été les *premiers* qui avoient été *donnés* à ce Monaſtère.

Les biens de St Pierre ſont d'une date beaucoup plus ancienne & d'une nature bien plus favorable par leur propre ſource, & par leurs attributs Eccléſiaſtiques. Ils apparte-

noient

noient au Chapitre dès l'an 933 avant que le nom de *Taille* ne fût imaginé, dans un temps où les droits féodaux & les impositions royales étoient inconnues.

Guipape, décis. 581, dit » *que les Trois Etats de Dauphiné* » ont jugé que les biens d'Eglise étoient exempts de tout tri- » but, soit personnel, soit réel, *de même que les biens qui* » *avoient été auparavant tributaires & mis ès registres des cadastres*, » par la raison que l'Eglise leur imprimoit son immunité.

Despeisses, tom. 4, tit. 11, rapporte différens arrêts conformes à ceux de 1556, qui fixent la même Jurisprudence attestée par *Philippi*.

Papon, liv. 5, tit. 11, art. 39. *Mourgues*, pag. 38 & 39. *Salvaing* de *Boissieu*, chap. 55, p. 288, & autres Auteurs, [13] décident la question conformément à la disposition des Ordonnances en faveur du Chapitre de Beziers.

Terminons ce moyen par l'avis de M. d'*Aguesseau* (produit par les Maire & Consuls) & qu'on trouve dans le recueil des loix du Syndic, fol. 17, sur la présomption des biens d'Eglise. » On peut l'appuyer (dit cet illustre Magistrat) de » l'Ordonnance de Melun, suivant laquelle les Ecclésiastiques » doivent être maintenus & *conservés* dans leurs droits réels sur » des simples actes de possession, *sans qu'ils soient tenus de rap-* » *porter des titres primordiaux*. La raison d'équité qui a servi de » motif à cette décision, & qui y est nommément exprimée, » a été la perte des titres, arrivée par l'injure du temps: [14] » or, il n'y a point de Province où cette raison doive avoir

---

(13) Voyez les remarques sur le §. 5, art. 17 de la cinquième partie de l'Examen du Recueil des Loix.

(14) Saccagement de l'Eglise Cathédrale de Béziers, & enlévement de ses archives en 1562. Le verbal est produit dans cette instance.

» plus lieu qu'en Languedoc, parce qu'il n'y en a point eu » dans le Royaume qui ait été plus agitée, en divers temps, » par les guerres de la Religion, ni dans laquelle il y ait eu » un plus grand nombre d'Eglises détruites. Il doit donc de- » meurer pour constant (conclut M. d'Aguesseau) que la » présomption doit avoir lieu pour les Eglises principales, » même pour les biens situés hors de leur établissement.

SECTION XIII.

Cinquième & dernier Moyen de cassation.

L'art. 4 de la Déclaration de 1684, » ordonne, que *seront pareillement présumés nobles, les biens dépendans des Eglises paroissiales, dans l'étendue de leur Paroisse seulement.*

Rien de plus facile que de démontrer, par le fait, & de prouver par des titres, que l'Eglise de St Pierre est une Paroisse; que par conséquent les biens en dépendans, doivent être maintenus, comme ils l'ont toujours été par différens jugemens, dans leur présomption de nobilité. De-là, une contravention palpable à cet article, en ce que l'arrêt définitif de la Cour des Aydes de Montpellier du 23 Décembre 1755, déclare roturiers les biens de l'Eglise paroissiale de St Pierre, tandis qu'elle devoit les confirmer dans leur ancienne nobilité, comme elle l'avoit fait en 1556, par les deux arrêts rapportés par Philippi, & produits au procès.

Il est de principe qu'il ne peut y avoir de *Territoire* habité sans *Paroisse*, ni des *Habitans* sans *Curé*. L'Eglise de St *Pierre*, les biens en dépendans, & autres sur lesquelles le Chapitre de Beziers perçoit *la Dîme* [1] en qualité de *Prieur* de St Pierre, [2] forment un Territoire circonscrit, borné, limité & enclavé par ceux des *Paroisses* de *Villeneuve*, de *Saunian*, de St *Martin de Divisan*, & de St *Saturnin:* [3] il n'y a sur *ce Territoire* que l'*Eglise de St Pierre*. Ce *Territoire*, ni les personnes qui y résident, ne dependent, pour le Spirituel ni pour le Temporel, d'aucune de ces Parroisses dans le centre desquelles, ils se trouvent situés. [4] Il faut donc que ce Territoire & ses Habitans forment nécessairement une Paroisse; que l'Eglise construite sur ce même Territoire, & qui existoit plus de six siecles avant la Chartre de 933, en ait été l'Eglise Paroissiale; que le Prêtre qui la dessert en soit le Curé, [5] & que les Habitans soient ses Paroissiens. A quoi

(1) V. les Actes des 5 Juin 1097, 7 Avril 1207, Février 1377, 23 Septembre 1413, 2 Septembre 1460, 15 Janvier 1567, 12 Juin 1569 & 29 Mai 1627.

(2) V. la transaction du 12 Septembre 1595, & l'Arrêt du Grand Conseil du 23 Septembre 1743.

(3) *Ad probandam ecclesiam Parrochialem, sufficit quod habeat locum certis finibus constitutum in quo degat populus illi ecclesiæ deputatus. Rebuff. in praxi benefic. de collat. §. statuimus 2. Barbosa de off. & potestate Parroch. part 2, cap. 1, n. 19 . . . . nec intra eosdem terminos, duæ Parochiæ esse possunt, cap. pluris 16, quest. 1.* Pinsson, *de divis. benef.* § 1, *n.* 18.

(4) M. de *Bousi*, Evêque de Béziers, dans une Ordonnance de visite du 6 Novembre 1634, fixe les limites des Paroisses de *Notre-Dame du Siége*, qui est celle de la Cathédrale, de S. *Affrodise*, de S. *Jacques*, de la *Magdelaine*, & de S *Félix*, qui confrontent le territoire de l'Eglise de S. Pierre. Dans le dénombrement que chaque Curé fait des habitations champêtres de sa Paroisse, il n'est fait aucune mention des maisons, ni du lieu, ni de l'Eglise S, Pierre; le Bois dépendant de cette Eglise lui sert seulement de borne & de confrontation.

(5) *Ubicumque est ecclesia cui solus Presbiter moderatur, ibi est Parochia.* Lemaître, *de bonis & possess. ecclesf. lib.* 2, *cap.* 9, *p.* 238. - *Sancitum est ut una quaque ecclesia habeat suum Presbiterum.* Capitul. 86, *lib.* 1.

serviroient donc la *cloche* pour les appeller, les *cimetières* pour les enterrer, l'Eglise, les *vases sacrés* & les *sacristies*? Pourquoi les *Dîmes & Prémices* seroient-elles consacrées à cette Eglise?

Cet argument de fait, appuyé du Droit & de la Jurisprudence de tous les Tribunaux du Royaume, suffiroit pour démontrer la paroissialité des biens de St Pierre, si le Syndic n'en étayoit la contestation sur un systême destructif des principes de la vérité. En remontant à l'origine des Paroisses, l'Auteur de l'examen du recueil des Loix, sur la nobilité des fonds, prouve, sans réplique, la paroissialité des biens de St Pierre. [6] Tous les principes dont il fait usage, sont incontestables.

Le mot *Eglise*, exprimoit l'Eglise matrice, ou la Cathédrale, ou une Paroisse: point d'équivoque sur cet article. Dire le contraire, ce seroit dementir les meilleurs Auteurs, l'histoire Ecclésiastique, celle de Languedoc, & les plus sçavans Glossateurs (7).

L'assemblée des Paroissiens de St Pierre, est encore assez considérable, puisqu'elle exige habituellement le service d'un Prêtre; & quand il n'y auroit pas aujourd'hui une foule de peuple, comme il y avoit avant les guerres des neuviéme & dixiéme siecles, & avant les révolutions que l'Eglise & les biens de St Pierre ont essuyées en différens temps, depuis la Chartre de 933, faudroit-il juger de la paroissialité & de la qualité de ses biens, sur leur état actuel? N'est-ce pas

---

(6) V. les Rem. sur l'art. 4 de la Déclaration de 1684, § 5, part. 5 de l'Examen du Recueil des loix sur la nobilité des fonds.

(7) V. la N. 18 sur la troisiéme piéce du Recueil des titres justificatifs de la nobilité des biens de S. Pierre.

plutôt ſur ce que nous en ont tranſmis les Hiſtoriens, & des titres ſolemnels qui remontent au commencement du dixiéme ſiecle ?

M. de Bouzi, Evêque de Beziers, fit un reglément au mois Juin 1663, en cours de viſite, qui » ordonne que » le Baile, le député du Chapitre, qui ſert à préſent ladite » *Egliſe* de St Pierre, viendra devant lui, Evêque, pour lui » faire foi de ſon approbation ; & qu'à l'avenir, tant lui que » les autres Prêtres qui ſeront députés au ſervice d'*icelle*, Egli- » ſe, ſeront tenus d'y célébrer, annuellement & à perpétuité, » une Meſſe haute le 29 Juin, jour & fête de St Pierre, ſous » l'invocation duquel elle a été dédiée, & une baſſe, tant les » Fêtes de commandement, que les Dimanches, *d'adminiſ- » trer de plus, les Sacremens de Pénitence*, *d'Euchariſtie & d'Ex- » trême-Onction*, tout le long de l'année, hormis la ſemaine- » ſainte, aux fêtes de Pâques; qu'ils ſeront renvoyés au Vi- » caire de Notre-Dame du Siege, leur Curé primitif, pour » être par lui confeſſés & communiés; *de dire le Prône*; *enſei- » gner la Doctrine Chrétienne;* aſſiſter les malades en leur mala- » dies; adminiſtrer le Baptême, *&c.*

C'eſt au Curé établi dans l'Egliſe Cathédrale de Beziers, & qui fait les fonctions avec le Chapitre, à qui M. *de Bouzi* renvoie les Paroiſſiens de St Pierre à Pâques ſeulement : [8] c'eſt un hommage, ſuivant l'ancienne coutume, [9] qu'ils

(8) Depuis l'exiſtence de l'Egliſe de S. Pierre, long-temps avant le neuviéme ſiecle, ni depuis, il n'y a eu que M. de Bouſi, Evêque, qui ait penſé que les Habitans de S. Pierre devoient aller faire leurs Pâques à la Cathédrale.

(9) Les plus Nobles du Diocéſe étoient autrefois obligés d'aller faire leurs Pâques à la Cité Epiſcopale. Abrégé de Mézeray, tom. 1, p. 256.

rendent à l'Eglise majeure, au Chapitre en Corps, à leur Curé primitif, à leur Prieur & à leur Seigneur temporel, dans un temps où les œuvres de piété sont les plus touchantes pour affermir les fidéles dans leur foi, dans la vérité de leur religion.

Mais cet hommage est volontaire de la part des Paroissiens de St Pierre: ils n'y sont pas liés par le reglément de M. de Bouzi. La paroissialité de leur Eglise n'en a jamais souffert la moindre atteinte, puisque c'est toujours sous leur Prieur & dans son Eglise qu'ils font le devoir Paschal: ne sont-ils pas desservis tout le reste de l'année par un de ses Membres qui exerce toutes les fonctions Curiales?

Le Prêtre que le Chapitre délégue pour le service de la Paroisse de St Pierre, y célébre régulierement les Offices Divins, tous les jours de Fête & Dimanche: les Paroissiens y sont appellés au *son de la cloche* suivant l'usage. [10] Ce Ministre fait le Prône, enseigne la Doctrine Chrétienne, prêche, instruit, confesse, communie ses Paroissiens, administre les malades, enterre les morts dans le cimetière commun, [11] secourt les pauvres, & fait généralement toutes les fonctions d'un vrai Pasteur.

La dénominanion de métairie que M. de Bouzi a donnée aux biens de St Pierre, & dont les Maire & Consuls s'efforcent de tirer avantage, est indifférente dans le fait: tous les

---

(10) » *Campana est signum loci publici & sacri, non Oratorii privati* ». *Cap. partenibus de privilegiis.* Pinsson *de fundatione eccles.* § 1, n. 9, 10 & 13, p. 151. » La *Cloche* est une véritable marque de paroissialité ». *Alciat. lib. 8. Peregrin. cap. 9. Seleucus de Benefic. part.* 1, *quest.* 5, *n.* 82. *Barbosa part.* 1, *cap.* 1, *n.* 34.

(11) » *Jus sepeliendi est ex juribus Parochialibus* ». Pinsson *de Censibus* § 8, *n.* 3, *p.* 182, *& de divis. Benef.* § 25, *n,* 5.

fonds ; moulins, dîmes & droits Seigneuriaux [12] qui forment l'enſemble de l'Egliſe de St Pierre, ne peuvent pas être proprement déſignés ſous le nom de métairie, ni de domaine. Ils ſont aujourd'hui les mêmes qu'ils étoient en 933 : toute la différence qu'il y a, conſiſte dans un plus grand défrichement, dans un plus grand nombre de maſures, que de maiſons, à cauſe du ravage qu'a ſouffert le lieu de St Pierre par les guerres civiles, dans la réunion des petites îles qui a été faite par des atterriſſemens & des alluvions à la conque de St Pierre. Le nom de métairie ne change ni la nature ni la qualité de ces biens; on pourroit, tout au plus, en induire, qu'au lieu qu'en 933, ils compoſoient une Seigneurie eccléſiaſtique; ils forment aujourd'hui un Village, *manſus qui ſignificat agrorum univerſitatem*, [13] ou un domaine qui a toujours été exempt de toute contribution. [14]

Mais les Maire & Conſuls produiſent eux-mêmes une piéce qui les déſigne ſous le nom de *lieu de S. Pierre* (15). La chartre de 933, celle de 1203, l'acte de 1097, & les Auteurs du *Gallia Chriſtiana* le nomment de même (16). Un *lieu* avec une Egliſe, des Sacriſties, des Cimetieres, des Vaſes ſacrées, Cloches & autres attributs diſtinctifs, un lieu déſigné *Honneur*, dont dépendent des *Dimes* & des *Droits ſeigneuriaux*, ne fut jamais

---

(12) V. les Notes 10, 14, 25, 26 & 32, ſur la troiſiéme piéce du Recueil des titres juſtificatifs de la nobilité des biens de S. Pierre.

(13) *Philippi* ſur la Déclaration de 1543, p. 153.

(14) *Thomaſſin* part. 3, liv. 1, chap. 36, n. 3, p. 281.

(15) C'eſt la troiſiéme piéce du premier Doſſier.

(16) Tom. 4 *de eccleſ. Bitterenſi.*

réputé pour un Domaine, une Métairie, ou une ſimple cabane agreſte. C'eſt donc ſur l'ancienne dénomination qu'il faut ſe fixer, & non ſur les idées modernes de ceux qui veulent la dénaturer.

Après avoir démontré la Paroiſſialité des biens de Saint-Pierre par les principes & par l'exercice des fonctions curiales, analyſons les titres qui prouvent que dans le dixième ſiécle Saint-Pierre étoit une véritable Paroiſſe.

La chartre de 933 fait en partie le dénombrement de ſes attributs : elle porte que ce *lieu* conſiſtoit en *l'Egliſe de Saint-Pierre*, dans *les Vaſes ſacrés*, dans *les Sacriſties*, dans *les Cimetieres*, & tout ce qui pouvoit en dépendre.

L'*Egliſe* exprime la *Paroiſſe*; (17) outre *les Vaſes ſacrés*, *les Ornemens* & *les Sacriſties*, qui font partie de ſa dotation, les marques de ſa Paroiſſialité réſultent des *Cimetieres* (18), du *Clocher* garni d'une cloche (19), du *ſervice d'un Prêtre* qui y baptiſoit (20), des *Dîmes* & *Prémices* attachées à l'Egliſe de Saint-Pierre, que le Chapitre a toujours perçu en qualité de *Prieur* & de *Curé primitif* (21) de cette *Egliſe*.

---

(17) V. la Note 18 ſur la premiere piéce du Recueil des titres juſtificatifs de la nobilité des biens de S. Pierre.

(18) V. les Notes 19, 20 & 21 *ibid.* & la Note 11 *ſuprà* de cette Section.

(19) V. *ibid.* Note 10 ſup.

(20) V. la dixiéme piéce du quatriéme Doſſier du Chapitre. Elle contient pluſieurs Extraits Baptiſtaires. Originairement le Baptême n'étoit pas conféré dans toutes les Egliſes Paroiſſiales. Celles qui étoient deſtinées à cette cérémonie, étoient appellées *Plebes*, c'eſt-à-dire, Baptiſmales. Thomaſſin part. 1, lib. 2, ch. 6, n. 8, p. 471.

V. les Capitulaires de *Pepin* de l'an 793, art. 7 & 15, & l'art. 16 du Capitulaire ſuivant.

(21) Un *Curé primitif* eſt celui qui a droit de jouir d'un Bénéfice uni,

De

De toutes ces marques essentielles de Paroissialité, la perception des Dîmes est sans contredit la plus caractérisée [22], parce qu'elles n'ont d'abord été attribuées qu'à ceux qui desservoient les Paroisses : *jus percipiendi decimas solis Parochis jure communi competit* [23].

Avant l'an 959 les Chanoines de Beziers percevoient les dixmes & prémices sur le territoire de Saint-Pierre. C'est ce qui résulte d'un acte du 13 Septembre de la même année, suivant lequel ils les donnerent à vie à titre de précaire [24] à

---

lequel avoit autrefois charge d'ames dans sa premiere & primitive institution. Lemaître Plaidoyer 9, p. 214. On appelle *Curés primitifs* ceux à qui des Cures ont été autrefois données, *lesquels nomment des Prêtres pour les desservir. Argument du Tit.* 3, tom 3 des Mémoires du Clergé, p. 1, édit. de 1675.

(22) » *Parochiam appello populum primitias, oblationes, & decimas* » *persolventem* ». Gilbert *de usu ecclesiastico.* Cité par Ducange *in v. Parrochia.*

(23) *Cap. cum contingat de decimis.* Silvest. *in v. decima n.* 14. Covarr. *cap.* 17, *n.* 17. de Droit commun, la dîme appartient donc aux Curés; c'est à eux que les Paroissiens sont obligés de la payer. » *Decimæ ad Ecclesiam Parrochialem jure communi pertinent* ». Pinsson *de censibus* § 3, *n.* 2, *p.* 176, *& de divis. Benefic.* § 25, *n.* 17. » *Primi-* » *tiæ debentur sacerdotibus Parrochis* ». *Syntagm. Jur. univ. lib.* 2, *cap.* 19, *n.* 13, *part.* 1. *Hieronim. in cap.* 3. *Malach. Chrisostom. Homel.* 5, *Epit. ad Ephes. Qui in sacrario operantur, quæ de sacrario sunt, edunt; & qui altari deserviunt, cum alteri participiant.* 1 *Cor. cap.* 9.

Canonica portio quæ certa Parrochialis dicitur, inducta est jure Canonico, propter sacramenta quæ Ministrat Parrochus suis Parrochianis, id est propter onus quod in eorum administratione subit. Cap. 1, *cap. relatum, cap. de his. De sepulturis lib.* 3, *decretal. alios. ricc. in praxi resol.* 299, *n.* 1 *&* 2, *cités par Barbosa part.* 3, *cap.* 25, *n°.* 1.

(24) Il y avoit alors deux sortes de *précaires* : l'un par lequel le *Prince* donnoit en usufruit à ses Officiers des biens du domaine de l'Eglise; & l'autre par lequel l'Eglise les donnoit elle-même au même titre à ses Prêtres sous une certaine redevance, & toujours à la charge

Gislemont, l'un de leurs Confrères. C'est encore prouvé par un autre acte de restitution fait à l'Eglise de Saint-Nazaire le 5 Juin 1097 par Guillaume Arnal de Beziers, de tout l'*honneur & fief de Saint-Pierre du Bosc*, que lui & ses peres avoient injustement détenu à cette Eglise, depuis long-temps, consistant [porte cet acte] en l'Eglise Saint-Pierre du Bosc, les dixmes & prémices, *& cum suo toto ecclesiastico*, eaux, cours des eaux, écluse, droit de pêche, hommes & femmes, &c.

Plusieurs baux à ferme & actes de réserve de la dixme de Saint-Pierre prouvent encore la perception qu'en a toujours fait le Chapitre; ils sont du 7 Avril 1207, Février 1377, 23 Septembre 1413, 2 Septembre 1460, 15 Janvier 1567, 12 Juin 1569, & 29 Mai 1627.

Les Maire & Consuls administrent eux-mêmes la preuve de ces dixmes par un acte qu'ils produisent du 18 Janvier 1485: cet acte est, on ne peut pas plus, remarquable: il contient un dénombrement rendu par le Chapitre de Beziers au Parlement de Toulouse, alors Cour des Aydes, Comptes & Finances, » des biens, droits, *dixmes & prémices*, dont il jouis» soit *canoniquement* & à *juste titre*, & *des territoires* sur lesquels » il étoit en possession de lever & percevoir la *dixme des fruits*.

---

que ces biens lui reviendroient à la mort de l'Usufruitier. Elle en donnoit aussi de la même maniere à d'autres particuliers, & cela souvent pour les engager à lui donner leurs autres biens propres.

L'usage des précaires étoit fort ancien; ils étoient imprescriptibles, ils étoient toujours faits comme on l'a observé, à la charge de payer à l'Eglise une certaine redevance par an, pour chaque manoir, & à condition de retour. *Præcaria est libellus seu charta quâquis alodium vel prædium seu feudum sub annuo censu ad vitam utendum accipit.*

Il y en avoit encore d'une autre espéce qu'on trouve dans la derniere édition de Ducange. » *Præcaria est charta quâ quis ad vitam usum fructum suarum possessionum vel etiam aliarum quas alicui Ecclesiæ concessit, retinet, vel illi concedunt recipientes.*

Cet acte dénombre tous ces *territoires* & *dixmeries*; entr'autres, *celle de Saint-Pierre* y est littéralement exprimée. » Le Chapitre [porte cet acte] perçoit la dixme des fruits sur le territoire de Beziers; sçavoir, dans *les dixmeries* del *Pervoscat Magé* [25] & *Meudre*, item de *Puceti*, item del *Caragaulié*, item de *Greza* de sant Vincens, *per mitat*, item de *Sant-Peiré del Bosc*, *per entier*.

Ces expressions ne sont pas équivoques : on voit que les endroits sur lesquels le Chapitre n'a que la moitié de la dixme *per mitat*, par moitié, sont distingués de ceux où il la perçoit en *entier*, comme dans la *Dixmerie de Saint-Pierre du Bosc*, qui fait le sujet de tout ce Procès. Il est bien dommage que ce dénombrement, cette piéce produite par les Maire & Consuls, se trouve mutilée, & que des point perfides suppléent à ce qui pourroit être encore plus avantageux au Chapitre.

On ne conçoit pas ce qui peut avoir donné lieu aux Maire & Consuls de vouloir induire de ce dénombrement que toutes les dixmeries y énoncées dépendoient des anciens Prieurés de Saint-Felix, de Sainte-Magdelaine, de Saint-Saturnin, de Saint-André & de Saint-Julien. Est-ce parce qu'à la place du terme *Dixmerie*, ils ont dans leur Requête substitué celui de *Domaine?* Cette grosse finesse ne peut leur être d'aucun secours.

Le Chapitre ne perçoit que la moitié de la dixme de la *Méjarié* de Saint-Jean de Greze, & de Saint-Vincent; l'autre

(25) La *Prévôté mage*, comme on l'a vu dans le fait, fut donnée au Chapitre par son Évêque *Matfred* en 1092, en augmentation de dot. Le Chapitre jouit en Corps de ses revenus, & nomme tous les ans un Prévôt qui représente le Titulaire de ce Bénéfice.

moitié appartient aux Chartreux de Castres. Celle de *Saint-Pierre du Bosc*, désignée dans le dénombrement, sous le nom précis & exprès *de Dixmerie*, appartient au Chapitre *en entier*. Aucune de ces dixmeries n'a jamais pû dépendre de la Prévôté ; & quand elles en eussent dépendu, elles appartiendroient également au Chapitre, puisque la Prévôté lui a été réunie depuis 1092.

Il n'y a qu'à remonter à la charte 933, & la consulter avec l'acte de 1092 : La première fait le détail des biens de Saint-Pierre, & l'autre de ceux de la Prévôté ; ensuite qu'on jette les yeux sur le dénombrement de 1485, & l'on ne pourra se refuser à cette conviction, que jamais les biens de S. Pierre n'ont pû dépendre ni faire partie de ceux de la Prévôté.

Ce n'est pas en qualité de Prieur de Saint-Saturnin que le Chapitre perçoit la dixme sur le territoire de Saint-Pierre, mais comme Prieur de Saint-Pierre même : Ce titre demeure fixé & très-marqué par la *transaction* du 12 Septembre 1595, & par l'arrêt du Grand Conseil du 23 Septembre 1743. Le Prieuré de *Saint-Saturnin* n'appartient pas d'ailleurs au Chapitre ; il fait partie de la Mense épiscopale ; il forme une Paroisse de même que les Prieurés de *Saint-Felix* & de *la Magdelaine* : ces derniers produisent également des dixmes, qu'on a toujours appellées jusqu'à présent les dixmes de la Prévôté, pour les distinguer des autres dixmes du Chapitre, telles que celles de *Saint-Pierre*, & qu'il perçoit également en sa qualité de Prieur & de Curé primitif.

De ce que l'Ordonnance de M. de Bouzi en 1634 n'a pas fait dépendre le lieu, l'Eglise & le territoire de Saint-Pierre de quelqu'une des Paroisses qui l'environnent, il faut encore en conclure que la dixmerie de Saint-Pierre n'a jamais dépendu du Prieuré de Saint Saturnin, de Saint-André, ni de Saint-Julien.

Les Maire & Consuls veulent bien regarder comme étangers les titres conſtitutifs de la dixme de Saint-Pierre, ſans s'appercevoir qu'ils les fortifient eux-mêmes par le titre de précaire de 959, & par le dénombrement de 1445 qu'ils rapportent.

Mais, outre la jouiſſance réelle & de fait des dixmes & prémices de Saint-Pierre, le Chapitre a produit pluſieurs baux à ferme & actes de réſerve de cette même dixme : une tranſaction du 12 Septembre 1595, paſſée ſur Procès avec le Prieur de Villeneuve, Paroiſſe contigue à celle de Saint-Pierre, à raiſon de ſa *dixmerie*, dans cet acte le Prieur de Villeneuve donne au Chapitre la qualité de *Prieur* de l'Égliſe de *Saint-Pierre*. Les limites des deux Prieurés ſont fixées : le Prieur de Villeneuve convient qu'il n'a aucun droit de dixme ſur le territoire de Saint-Pierre ; & le Chapitre, de ſon côté, s'en tient à celle qu'il perçoit ſur le même territoire & ſur les autres terres dépendantes de ſa Paroiſſe, qui ne ſont nullement partie de ſes propres biens.

Un Arrêt du Grand Conſeil, contradictoirement rendu à l'occaſion de la dixme de Saint-Pierre le 23 Septembre 1743, la décide au profit de ce Chapitre.

L'Abbé *Daniane*, comme gros Décimateur du Prieuré de Villeneuve, avoit attaqué la tranſaction de 1595, pour enlever au Chapitre une partie de la dixmerie de Saint-Pierre : mais le Grand Conſeil, en la confirmant, » a maintenu & » gardé le Chapitre en ſa qualité de *Prieur* & *unique* Déci- » mateur de Saint-Pierre, au *droit* & poſſeſſion de *percevoir* » *la dixme* ſur tout ſon territoire, & ſur d'autres héritages » qui lui ſont propres.

M. l'Avocat Général dans ſes Concluſions imprimées, page 29, n'a conteſté la Paroiſſialité des biens de Saint-Pierre que parce que, diſoit il, le Chapitre n'avoit pas droit de dixme ſur ce territoire. Le Syndic, page 95 de ſa Requête, a auſſi argumenté du défaut de *dixme*. Mais, puiſque par tant de titres dont l'exécution n'a jamais été interrompue; le Chapitre, en sa qualité de *Prieur*, de Curé primitif de l'Eglise de Saint-Pierre, a toujours perçu & perçoit encore réellement les *dixmes & prémices* sur tout le territoire qui en dépend; puisque son *droit de dixme* est étendu sur d'autres héritages que ceux qui lui sont propres; puisqu'enfin la privation des dixmes [qui suivant M. l'Avocat Général mérite la plus grande attention] n'existe pas; le Syndic, les Maire & Consuls doivent prendre condamnation sur ce point, avec d'autant plus de raison, que toute leur résistance n'est étayée que sur le prétendu défaut de dixme.

LES AVOCATS aux Conseils du Roi soussignés qui ont vu singulierement la Requête du Syndic des Etats de Languedoc imprimée en 1761, l'écrit intitulé, *Traité Historique de l'Affaire pendante au Conseil d'Etat du Roi, entre le Chapitre de l'Eglise Cathédrale de la Ville de Beziers, & les Maire & Consuls de la même Ville*, & les copies des pieces, titres, procédures & Mémoires de la même affaire où les Agens Généraux du Clergé sont intervenus, relativement à l'opposition de la Ville & du Syndic, à l'Arrêt du Conseil du 24 Avril 1758, qui en casse quatre de la Cour des Aydes de Montpellier des 28 Mai 1733, 5 Mai 1752, 23 Décembre 1755, & 25 Mai 1756 :

ESTIMENT que les Moyens des Maire & Consuls & du Syndic, ne peuvent faire admettre leur opposition à l'Arrêt de cassation, ni même sur le rescisoire, quand il en sera question, pour assujettir au payement de la taille réelle des biens d'un Chapitre Cathédral, qui en étoient exemts selon les loix particulieres du Languedoc, dont l'exemption subsistant depuis huit siécles, a été confirmée par des Arrêts contradictoires de 1556, acquiescés par une possession paisible jusqu'en 1605, & confirmés par une transaction de 1608, homologuée par un Arrêt contradictoire du Conseil de 1610, qui subsiste dans toute sa force.

Ainsi quand l'Eglise, la Paroisse & le bien de Saint Pierre ne porteroient pas tous les caracteres de la féodalité réelle, & ne proviendroient pas de gens nobles, quand le Chapitre n'en seroit ni Curé primitif, & qu'il n'y percevroit point la la dixme ecclésiastique, dans laquelle il a été maintenu par Arrêt contradictoire, quand il n'en auroit pas continuellement payé les décimes, il suffiroit qu'il dépendît d'une Eglise principale, qu'on ne prouvât point qu'il ait été d'ancienne contribution qu'il n'ait jamais été imposé aux tailles, soit pendant qu'elles étoient passageres sous le titre d'Aydes, soit depuis 1446 qu'elles ont été rendues perpétuelles, & qu'on ne pût rapporter un compoix non rayé, pour que ce bien conservât toute la présomption légale de nobilité. Mais dès que ce bien a été jugé tel, sur la chartre de 933, * qui l'assigne pour base de la mense capitulaire, par les Arrêts de la Cour des Aydes de 1556, d'après les loix qui subsistoient alors, & qu'on convient n'avoir pas été changées par la déclaration de 1684, qui n'en contient que la compilation, ni par les subséquentes, il est étonnant que sur cette même chartre, lors produite & jugée, la même Cour ait pû, sans enfreindre toutes les loix, autoriser à imposer ce bien, le déclaret roturier de noble qu'il étoit, ainsi légalement jugé, pour lui faire payer une double contribution, tailles & décimes, ou pour le soustraire aux décimes, & que les Habitans de Beziers & le Syndic des Etats s'opposent à l'Arrêt du Conseil, qui, en cassant les nouveaux Arrêts de cette Cour, n'a fait que venger les loix violées, soit par l'affectation de remettre en question la chose légalement & irréfragablement jugée près de deux siecles auparavant, soit en sautant pardessus des transactions d'acquiescement homologuées par un Arrêt du Conseil, soit

* Sur le le vû des actes de 1097, 1148, 1203 & 1281.

en cumulant le rescindant avec le rescisoire......

S'il étoit permis de scruter un commencement de mense posé dans le dixiéme siécle, de juger ces biens roturiers, tandis qu'alors il n'y avoit que l'Eglise & la Noblesse qui pussent posséder en propriété, de renverser des Arrêts contradictoires qui ont jugé ces biens nobles, suivis d'acquiescement, & de près de deux siécles d'exécution, précédés de six siécles de possession noble & d'exemptions de charges roturieres, il n'y auroit plus rien d'assuré dans le monde : l'Eglise & la Noblesse verroient leurs antiques possessions avilies malgré les loix qui fixent aux recherches l'époque la plus reculée à quarante ans avant l'établissement de la taille perpétuelle : leur situation seroit plus dure en Languedoc qu'en Guyenne, en Provence, en Dauphiné, en Artois, en Franche-Comté &c. Il n'est peut être pas d'Eglise Cathédrale ou Paroissiale dans les Pays des tailles réelles, qui ait des titres de possessions avec des caracteres de nobilité aussi anciens, aussi respectables, aussi suivis, aussi consacrés que ceux du Chapitre de Beziers, pour l'Eglise & le bien de Saint Pierre : tout doit donc les rassurer contre la prétention des Habitans & du Syndic. L'Arrêt du Conseil du 24 Avril 1758, auquel ils ont formé opposition sans nul fondement, doit avoir son exécution, & le droit du Chapitre au fond est si solidement établi, si évident, qu'il est inconcevable qu'on ose le contester.

Délibéré à Paris ce 25 Juin 1770. Signés AUSONNE, RAGON, REGNARD.

Chez KNAPEN & DELAGUETTE, Imprimeur-Libraires, au bas du Pont S. Michel, 1770.

www.ingramcontent.com/pod-product-compliance
Ingram Content Group UK Ltd.
Pitfield, Milton Keynes, MK11 3LW, UK
UKHW021101260726
13994UKWH00002B/626

9 782329 341743